D1702256

Rolf Michaelis

Das SS-Fallschirmjäger-Bataillon 500/600

Budapest · Leskovac · Drvar · Kaunas · Raseinen · Malmedy · Schwedt · Zehden · Prenzlau

DÖRFLER·VERLAG

© der Originalausgabe 2004 by Michaelis-Verlag,
Postfach 950 164, 12461 Berlin
Genehmigte Lizenzausgabe für DÖRFLER VERLAG GmbH,
Eggolsheim

Alle Rechte vorbehalten.
Kein Teil des Werkes darf in irgendeiner Form (durch Fotokopie,
Mikrofilm oder ein ähnliches Verfahren) ohne die schriftliche
Genehmigung des Verlages reproduziert oder unter Verwendung
elektronischer Systeme verarbeitet, vervielfältigt oder verbreitet
werden.

Verantwortlich für den Inhalt ist der Autor.

Im Internet finden Sie unser Verlagsprogramm unter:
www. doerfler-verlag.de

Inhaltsverzeichnis

Vorwort	6
Einführung	7
Aufstellung des SS-Fallschirmjäger-Bataillons	8
Einsatz in Südosteuropa	
Die Partisanenbewegung in Ex-Jugoslawien	20
Exkurs: Die Besetzung Ungarns	21
Unternehmen „Maibaum"	31
Unternehmen „Rösselsprung"	34
Auffrischung in Laibach	54
Einsatz in Litauen	56
Unternehmen „Panzerfaust" – die Besetzung Budapests	65
Aufstellung des SS-Fallschirmjäger-Bataillons 600	70
Unternehmen „Greif" – der Einsatz bei der Ardennenoffensive	71
Einsatz an der Oderfront	
Brückenkopf Schwedt	83
Brückenkopf Zehden	91
Brückenkopf Eberswalde	94
Letzte Kämpfe in Mecklenburg-Vorpommern	98
Anlagen	
Anlage 1: Chronologie	103
Anlage 2: Stellenbesetzung und Feldpostnummern	104
Anlage 3: Uniformen und Ausrüstung	104
Anlage 4: Fallschirmschützenabzeichen des Heeres	106
Anlage 5: Kurzbiografien	107
Anlage 6: Dienstgrade: Waffen-SS/Heer 1944	113
Namensverzeichnis	114
Quellen und Literatur	116

Vorwort

Interessanterweise wurde in den fast 60 Jahren nach dem Ende des 2. Weltkrieges keine umfassende Geschichte des SS-Fallschirmjäger-Bataillons veröffentlicht! Dies erstaunt, da dieses Sonderbataillon an vielen ungewöhnlichen Einsätzen und schweren und verlustreichen Kämpfen teilnahm.

Mit diesem Buch wird nunmehr versucht, diesem Umstand Rechnung zu tragen. Hierbei werden nicht nur die Einsätze auf dem Balkan, der Ost- und Westfront sondern auch deren – teilweise politischen – Hintergründe dargelegt.

Die Publikation kann nicht das unermessliche Leid widerspiegeln, dass der sechsjährige Krieg über die Menschen brachte. Es kann nicht die unvorstellbaren Grausamkeiten des Partisanenkampfes auf dem Balkan beschreiben und es kann nicht die physische und psychische Belastung der Soldaten und der Zivilbevölkerung aufzeigen, die mit dem Krieg einherging!

Für die Erstellung dieser Publikation wurden staatliche und private Archive genutzt; dennoch kann es durch fehlende Informationen keine vollständige Dokumentation geben. Ich danke allen, die diese Arbeit uneigennützig unterstützten und stehe Ergänzungen und Berichtigungen immer offen gegenüber!

Berlin, im Oktober 2004   Rolf Michaelis

Einführung

Nicht zuletzt inspiriert durch die neugeschaffene sowjetische Fallschirmtruppe, die im Herbst 1935 bereits ein Manöver mit etwa 2.500 Soldaten abhielt, begann auch in Deutschland im Sommer 1936 die Aufstellung von Fallschirmeinheiten. Stamm bildete die mit Erlaß vom 23. Februar 1933 aus der preußischen Landespolizei formierte – zunächst als Polizei-Abteilung „Wecke" z. b. V. bezeichnete – Landespolizeigruppe „General Göring", die im September 1935 in die Luftwaffe überführt wurde. Anfänglich vor allem zum Schutz des Hauptquartiers des Oberbefehlshabers der Luftwaffe sowie zum protokollarischen Dienst in Berlin vorgesehen, sollte im nunmehrigen Luftwaffen-Regiment „General Göring" ein Fallschirm-Jäger-Bataillon gebildet werden.

Im Mai 1936 begann auf dem Fliegerhorst Stendal die Ausbildung der künftigen Fallschirmspringer im I. /Regiment „General Göring". Im Herbst des gleichen Jahres stellte auch das Heer im Rahmen des Infanterie-Lehr-Regiments eine Fallschirm-Infanterie-Kompanie auf. Dies führte auch beim Reichsführer-SS Heinrich Himmler zu Plänen, eine Fallschirmeinheit im Rahmen der SS-Verfügungstruppe zu formieren. Der Anfang wurde im Sommer 1937 gemacht, als zunächst etwa 30 Führeranwärter, meist der SS-Standarte „Germania", beim I. /Regiment „General Göring" in Stendal die Fallschirmspringer-Ausbildung absolvierten.

Ende 1937 folgte bei der Luftwaffe die Umbenennung des I. /Regiment „General Göring" in IV. (Fallschirm-Schützen)/Regiment „General Göring". Während das Heer am 15. März 1938 seine Fallschirm-Infanterie-Kompanie noch zu einem Fallschirm-Infanterie-Bataillon vergrößern konnte, wurde die Absicht Himmlers – vermutlich auf Intervention Görings – ad acta gelegt.

Am 31. März 1938 wurde das IV. (Fallschirm-Schützen)Bataillon aus dem Regiment „General Göring" herausgelöst und in I. /Fallschirm-Jäger-Regiment 1 umbenannt. Das II. Bataillon des neugeschaffenen Luftwaffen-Fallschirm-Jäger-Regiments 1 stellte mit Verfügung vom 30. Dezember 1938 das bisherige Fallschirm-Infanterie-Bataillon des Heeres.

Erst am 28. Mai 1941 formierte das Heer erneut eine Fallschirmjäger-Kompanie im Rahmen des als Kommandotruppe des OKW/Abwehr verwendeten Lehr-Regiments „Brandenburg" z. b. V. 800. Diese Kompanie wurde knapp drei Jahre später, am 11. März 1944, in Stendal noch für die Besetzung Ungarns zum Fallschirmjäger-Bataillon „Brandenburg" vergrössert.

Nach Fehlschlag der ab 1942 aufgestellten Luftwaffen-Felddivisionen wurden bis zum Ende des Krieges zahlreiche Fallschirmjäger-Regimenter, -Divisionen und im

Sommer 1944 im Westen ein Fallschirm-Armeeoberkommando aufgestellt, deren Angehörige jedoch kaum noch eine Sprungausbildung mehr erhielten.

Aufstellung des SS-Fallschirmjäger-Bataillons

Die Tragödie von Stalingrad sowie das absehbare Ende der Heeresgruppe „Afrika" führten durch die enormen Menschenverluste zu zahlreichen ad hoc Vorschlägen deutscher ziviler und militärischer Dienststellen, der schwerringenden Front neue Kräfte zuzuführen. Im SS-Führungshauptamt reifte daher die Idee neben dem Zugriff auf bislang als wehrunwürdig bezeichnete fremdvölkische „Freiwillige", wie z. B. Kroaten (Bosniaken), Letten oder Ukrainer, auch die Häftlinge des zentralen Strafvollzugslagers der SS und Polizei in Danzig-Matzkau erneut in den Kampfeinsatz zu führen.

Dabei war dieser Gedanke nicht grundsätzlich neu. Die Dauer des Krieges hatte auch in der Waffen-SS zu zahlreichen Vergehen und Verbrechen gegen das Militärstrafgesetz oder die allgemeinen Strafgesetze geführt, die nicht auf dem Disziplinarwege geahndet werden konnten.

Bei Letzterem verhängte der Disziplinarvorgesetzte vom Kompanieführer an aufwärts, Disziplinarstrafen[1] für Verstöße gegen die militärische Zucht und Ordnung. Solche Verstöße konnten sein:
- nicht sofortiges Aufstehen beim Wecken
- zu spätes Erscheinen zum Dienst
- Erscheinen im unvorschriftsmässigen oder nachlässigen Anzug zum Dienst (z. B. ungeputzte Schuhe), unordentlicher oder unvorschriftsmäßiger Ausgehanzug, eigenmächtige Anzugserleichterungen
- Schlechtes Benehmen gegen Vorgesetzte, Kameraden oder in der Öffentlichkeit
- Schuldenmachen, Glücksspiel um Geld, Trunkenheit, Belügen eines Vorgesetzten
- unerlaubtes Sprechen im Dienst
- Nichtausführung eines erhaltenen Befehls

Die Kriegsgerichte beschäftigten sich demgegenüber mit Straftaten, die nicht auf dem disziplinarischen Wege geahndet werden konnten. Das waren z. B.:
- Feigheit vor dem Feinde
- Fahnenflucht
- Plünderung

---

[1] Neben kleineren Disziplinarstrafen wie einem Verweis, Dienstverrichtungen ausser der Reihe (z. B. Strafexerzieren, Strafwachen oder Antreten in einem bestimmten Anzug – sog. „Maskenball"), konnte einfacher Arrest bis vier Wochen, geschärfter Arrest bis drei Wochen und strenger Arrest bis 10 Tage ausgesprochen werden. Ausserdem konnten Mannschaftsdienstgrade auch um einen oder mehrere Dienstgrade herabgesetzt werden.

- Wachvergehen
- Notzucht
- Missbrauch der Dienstgewalt
- Eigenmächtige Entfernung, Überschreitung des Urlaubs über 7 Tage
- Ungehorsam in schweren Fällen
- Diebstahl, insbesondere Kameradendiebstahl
- Verrat militärischer Geheimnisse

Hierbei ausgesprochene Freiheitsstrafen wurden für Angehörige der Waffen-SS und Polizei in dem nach dem Polenfeldzug in Danzig-Matzkau errichteten Strafvollzugslager der SS und Polizei vollzogen – Todesstrafen durch Erschießen.

Himmler, der in seinem äußerlich so auf charakterstarke Tugenden fußenden Orden, keinen Platz für derartige Angehörige sah, kam bereits 1941 auf den Gedanken einen sog. „Verlorenen Haufen"[2] zu bilden, *„in dem Verurteilten Gelegenheit gegeben werden sollte, zur Vermeidung einer Strafvollstreckung vor dem Feinde zu fallen"*.[3] Hierbei war sicherlich der Gedanke ausschlaggebend, dass gerade in der Waffen-SS und Polizei kein Platz für solche Männer sei.

Während sich die Planungen für eine offizielle Aufstellung eines „Verlorenen Haufens" mit Befehl des Reichsführers-SS über Monate hinzogen, bildete der frühere Inspekteur der Konzentrationslager und derzeitige Kommandeur der SS-Totenkopf-Division, SS-Gruppenführer und Generalleutnant der Waffen-SS Eicke, im Kessel von Demjansk im Frühjahr 1942 eine derartige Sondereinheit. Kriegsgerichtlich Verurteilte, die auf Grund der Umstände nicht nach Danzig-Matzkau gebracht werden konnten, erhielten den Befehl einen strategisch nutzlosen, von drei Seiten stets stark angegriffenen Frontabschnitt zu halten. Die Verluste der Soldaten betrugen hierbei praktisch 100 %.

Erst rund eineinhalb Jahre nach dem ersten Schriftverkehr waren die Fragen und unterschiedlichen Meinungen zwischen den einzelnen SS-Dienststellen soweit geklärt, dass das Hauptamt SS-Gericht aktiv wurde und im Frühjahr 1943 die Eignung von etwa 600 Strafgefangenen des Strafvollzugslagers der SS und Polizei Danzig-Matzkau zur Frontbewährung überprüfte. Von dem „Verlorenen Haufen" des Jahres 1941 war man im Hinblick auf die Kriegslage inzwischen abgegangen, vielmehr

---

[2] Der Ausdruck „Verlorener Haufen" stammt aus der frühen Söldner- und Landsknechtszeit des Mittelalters. Hierbei handelte es sich um Formationen, die vor allem aus verurteilten Straftätern aller gesellschaftlichen Stände sowie Abenteurern gebildet wurden, die hofften, schneller zu Geld und Ruhm zu gelangen. Sie wurden in besonders verlustreichen Kämpfen eingesetzt, bei denen sie häufig „verloren" gingen. Überlebende Straffällige konnten rehabilitiert werden.
[3] Schreiben des Chefs des Hauptamtes SS-Gericht, SS-Sturmbannführer Burmeister, an den SS-Richter beim Reichsführer-SS, SS-Obersturmbannführer Bender, Tgb. Nr. 110/42 geheim vom 26. Juni 1942

sollten die Männer sich bei der Truppe oder einer Sondereinheit der Waffen-SS rehabilitieren können.[4]

Erscheint heute diese *„Gelegenheit zur Bewährung"* bei der damaligen Kriegslage auch opportunistisch, so war der Wunsch die Reststrafe durch einen besonderen Einsatz tilgen zu können, sicherlich groß. Die Behandlung der Häftlinge in der Strafanstalt war in der Regel schikanös. Der Kommandant des Strafvollzugslagers der SS und Polizei, SS-Obersturmbannführer Lücke, erwähnte in einem Schreiben im Hinblick auf die Auswahl künftiger Bewährungsschützen im Februar 1943 diese Form der *„rein auf das Lager zugeschnittenen Vorschriften"*:[5]
„Die Auswahl und Einteilung erfolgte in 1. Linie nach dem Bild, das ich mir auf Grund persönlicher Kenntnis und Studium der Akten über die charakterliche Zuverlässigkeit der Genannten bei einem evtl. Einsatz gemacht habe. Unter diesen Umständen weicht selbstverständlich die Beurteilung, die die Männer hier im Lager erfahren, teilweise etwas ab, da ja hier im Lager bei der Beurteilung auch Verstöße gegen Verbote, wie z. B. Rauchverbote, führungsmässig gewertet werden, die ich in diesem besonderen Fall nicht berücksichtigt habe. Ich kann einen Mann auch bei mehrfacher Übertretung des Rauchverbotes oder sonst rein auf das Lager zugeschnittener Vorschriften nicht als charakterlich weniger wertvoll bezeichnen. Dagegen habe ich in 1. Linie viel Wert auf die Beurteilung und die Führung bei der Truppe, insbesondere während des Einsatzes, gelegt und habe mich, wenn diese Beurteilung nicht besonders war, nur dann zur Aufnahme in die Liste entschlossen, wenn der Betreffende durch seine Führung im Lager eine innere Umstellung bewiesen hat."

War bis zu diesem Zeitpunkt noch nicht geklärt, in welcher Formation und Einsatz die Strafgefangenen kämpfen sollten, so zeichnete sich im Sommer 1943 die Aufstellung eines eigenständigen SS-Fallschirm-Banden-Jäger-Bataillons ab.

Am 9. August 1943 teilte der SS-Richter beim Reichsführer-SS dem Hauptamt SS-Gericht mit, dass nur ein Bruchteil der ausgewählten Verurteilten für ein Fallschirm-Jäger-Bataillon tauglich seien. Himmler hielt jedoch an seiner Anordnung fest, zunächst alle verfügbaren Straffälligen zur Aufstellung dieses Bataillons zuzuweisen. Und knapp vier Wochen später gab das SS-Führungshauptamt am 6. September 1943 auch die Aufstellung eines SS-Fallschirm-Jäger-Bataillons für den Einsatz in der Partisanenbekämpfung bei der Bewährungs-Abteilung der Waffen-SS in Chlum (Protektorat) bekannt. Unter dem Kommando von SS-Sturmbannführer Gilhofer[6] sollte sich die Einheit wie folgt gliedern:

---

[4] Schreiben des Hauptamts SS-Gericht and den SS-Richter beim Reichsführer-SS, Tgb. Nr. 312/43 geheim vom 5. Februar 1943
[5] Schreiben des Kommandanten des Strafvollzugslagers der SS und Polizei an den SS-Richter beim Reichsführer-SS vom 10. Februar 1943
[6] Zur Biographie siehe Anlage 5

Bataillonsstab mit
- Nachrichtenstaffel
- Kradmeldestaffel
- Meldestaffel
- Abteilung III (Gerichtsbarkeit)
- Versorgungskompanie mit
  - Versorgungsstaffel
  - medizinischer und zahnmedizinischer Staffel
  - Kraftfahr-Instandsetzungsstaffel

3 Jäger-Kompanien
1 schwere Kompanie mit
- schwerem Granatwerfer-Zug (4 Werfer 8,14 cm)
- Leichtgeschütz-Zug (4 Fallschirm-LG 7,5 cm)
- Flammenwerfer-Zug
- schwerem MG-Zug

Zunächst wurden die meisten Dienststellungen durch degradierte ehemalige SS-Führer und Unterführer besetzt, wobei zur äußerlichen Erkennung

Gruppenführer 1 Balken
Zugführer   2 Balken
Kompanieführer 3 Balken

am Unterärmel trugen. Ersatztruppenteil für das nicht vorbestrafte Rahmenpersonal wurde das SS-Panzer-Grenadier-Ausbildungs- und Ersatz-Bataillon 35. Für die Bewährungsschützen stellte die Bewährungsabteilung der Waffen-SS Chlum (SS-Truppenübungsplatz „Böhmen") den zuständigen Ersatztruppenteil dar.

Nach intensiver Infanterie-Ausbildung in Chlum wurde das SS-Fallschirm-Jäger-Bataillon im Dezember 1943 zur weiteren Ausbildung und Einsatz in der Bandenbekämpfung nach Serbien verlegt. In Maturuschka-Banja untergebracht, folgte die Sprungausbildung an der Fallschirmspringerschule III der Luftwaffe in Kraljewo. Hier wurde außerdem am 8. Februar 1944 eine Feldausbildungskompanie (Feldpostnummer 28 933) unter der Führung von SS-Hauptsturmführer Leifheit formiert.[7] Nachdem ursprünglich an Fallschirmjäger hohe physische Anforderungen gestellt worden waren, wurden diese im Laufe des Krieges stetig herabgesetzt und wiesen im Besonderen bei den SS-Bewährungsschützen eine sehr große Toleranz auf. So dokumentierte das Verordnungsblatt der Waffen-SS Anfang 1944 u. a., dass auch *„Halbblinde und Gebissträger"* tauglich waren (sic!):

„1. Fallschirmschützentauglichkeit setzt uneingeschränkte Verwendung des infanteristischen Dienst voraus. Vorbedingung ist die Kriegsverwendungsfähigkeit (k.v.) nach der „Ärztlichen Anweisung zur Beurteilung der Kriegsbrauchbarkeit bei

---

[7] Die Kompanie wurde im Juni 1944 zunächst nach Papá/Ungarn verlegt und im September 1944 nach Iglau. Schließlich wurde sie bei Auffüllung des SS-Fallschirm-Jäger-Bataillons 600 im November 1944 in Neustrelitz als 1. Kompanie dort eingegliedert.

Kriegsmusterungen" vom 12. August 1942 unter Berücksichtigung der mit Verfügung vom 21. Januar 1944 vom Chef des SS-Führungshauptamtes Az: 49a – hö – angeordneten Neuordnung der Handhabung der Anweisung.

Die seelische Haltung, die sich in der Freiwilligenmeldung zur Fallschirmtruppe ausdrückt, ist vordringlich zu bewerten. Sie gleicht körperliche Fehler geringen Grades aus.

2. Über den Begriff „k. v." hinaus sind an die Fallschirmschützen folgende Anforderungen zu stellen:

a) Körpergrösse von 160 – 185 cm
b) Das Alter für Unterführer und Mannschaften wird bis zum vollendeten 30. Lebensjahr festgesetzt, für Führer bis zum vollendeten 35. Lebensjahr, in Ausnahmefällen darüber hinaus.
c) Bei Verletzungen der Wirbelsäule ist eingehende Untersuchung erforderlich. Verletzung von Wirbelkörpern macht untauglich
d) Übererregbarkeit des Gleichgewichtsapparates (Luftkrankheit) macht untauglich
e) Nach Gehirnerschütterung oder Gehirnquetschung ist eingehende, unter Umständen fachärztliche Untersuchung erforderlich
f) Auf jedem Auge muss ohne Glas mindestens halbe Sehleistung vorhanden sein, die durch Gläser voll auszugleichen ist
g) Bei herausnehmbaren Zahnersatz darf die Kaufähigkeit zur Anfnahme der gewöhnlichen Kost ohne Gebiss nicht wesentlich beeinträchtigt sein
h) Stottern macht untauglich
i) Eingeweidebrüche jeder Art machen untauglich
j) Das Tragen von Fallschirm-Sonderbekleidung darf durch Blutadererweiterung am Samenstrang, Hodenverdickungen oder Verbiegungen des Brustkorbes nicht behindert sein.

3. Die Erstellung eines fliegerärztlichen Zeugnisses ist nicht erforderlich."

Während die Bewährungsschützen des Strafvollzugslagers die Schützen-Kompanien des SS-Fallschirmjäger-Bataillons bilden sollten, wurden nicht vorbestrafte Angehörige der Waffen-SS in Rundschreiben als Rahmenpersonal angeworben. Ein ehemaliger Angehöriger erinnert sich:

„Anfang Oktober 1943 meldete ich mich mit noch drei Kameraden und dem SS-Obersturmführer Fischer vom SS-Gebirgsjäger-Ausbildungs- und Ersatz-Bataillon 6 von Hallein in Salzburg zu den Fallschirmjägern der Waffen-SS, die neu aufgestellt werden sollten.

Wir waren vier Unterscharführer, die alle wieder zu ihren alten Einheiten bei der Division „Reich" zurückwollten, aber trotz mehrmaliger Versuche nicht vom E-Haufen wegkamen, weil es eben an Ausbildern gefehlt hatte. Nachdem im Sommer auch noch ein ganzes Bataillon Muselmanen zur Ausbildung kam - trotz einiger Dolmetscher verstand einer den anderen nicht - hatten wir die Schnauze bis an den Rand voll.

Eines Tages sagte mir ein Schreiber von der Bataillons-Schreibstube, dass von ganz oben ein Befehl eingegangen sei, wonach Männer die sich freiwillig zu den Fallschirmjägern melden würden, nicht zurückgehalten werden dürften.
Auf der Liste nach der man sich melden konnte, waren merkwürdiger Weise nur Innendienstgrade angeführt. Es wurde kein Frontunterführer oder Führer angegeben. Da keiner von uns Lust hatte, Furier oder Waffenkämmerer zu spielen, meldeten wir uns als Fallschirmwarte, in der Hoffnung, dann auch springen zu können.
Am 7. Oktober 1943 wurden wir von Hallein aus in Marsch gesetzt und erst drei Tage später trafen wir in Chlum, im Protektorat, ein.
Wir meldeten unsere Ankunft auf der Bataillons-Schreibstube beim Spieß, SS-Hauptscharführer Henneck oder Henneke oder so ähnlich. Er wurde beim Kampf in Titos Hauptquartier am Kopf verwundet und ist später bei den Kämpfen im Raume Kauen in Litauen gefallen.
Nachdem der Spieß unsere Personalien aufgenommen hatte, sagte er, mit dem Finger auf uns deutend: "Fallschirmwart 1., 2., 3., 4. Kompanie." Auf meinen Einwand, dass ich noch nie einen Fallschirm aus der Nähe gesehen hatte – in der Hoffnung dadurch als Frontunterführer eingesetzt zu werden – meinte der Spieß: "Tröste dich, ich weiss auch nicht wie ein Schirm ausschaut."
Als wir gerade gehen wollten, sahen wir durchs Fenster, eine Kompanie Soldaten am Haus vorbeimarschieren. Wir konnten aber nicht feststellen, was das für Soldaten waren. Sie trugen nur schwarze Kragenspiegel ohne SS-Runen, keine Dienstgradabzeichen und auch keine Auszeichnungen an der Brust. Mir kam die Sache ein wenig komisch vor und ich fragte den Spieß, was das für Soldaten seien. Das sagte er, sind die künftigen Fallschirmspringer. Und der Aufzug sei nicht wegen der Geheimhaltung so, sondern das sind alles Bewährungsmänner vom "Verlorenen Haufen". Ich ging gleich zu SS-Obersturmführer Fischer und fragte ihn, ob er das gewusst hätte. Doch der fiel gleichfalls aus allen Wolken, als ich ihm diese Neuigkeit berichtete. Wir meldeten uns beim Kommandeur und wollten wieder zurück zu unseren alten Einheiten bei der Division "Das Reich" versetzt werden. Aber da kamen wir gerade recht an. Wir hatten kaum unseren Wunsch ausgesprochen, feuerte uns der Kommandeur hochkantig aus seiner Stube. Er sagte, er habe auch nichts ausgefressen und müsste einen Befehl ausführen und dasselbe träfe auch bei uns zu. Damit waren wir entlassen und Fallschirmjäger geworden.
Viel hatten wir in Chlum nicht zu tun, SS-Obersturmführer Fischer war Adjutant geworden, ich musste einige Dienstreisen für ihn machen. Es gab weder Flugzeuge, noch Fallschirme oder eine Springerausbildung. Unsere Anschrift lautete: Seltschan bei Beneschau, Chlum, Groß Knowitz, Böhmen – Mähren.
Im Dezember 1943 wurden wir nach Mataruschka–Banja bei Kraljewo verlegt. Mataruschka–Banja heißt zu deutsch: Marienbad. Es fließen dort heisse Schwefelquellen aus der Erde. Der Ort selbst bestand aus mehreren hotelartigen Bauten, einem Badehaus und einigen anderen Häusern. Ich habe so oft es ging im warmen Schwefelwasser gebadet.

Unser Bataillon wurde in den Hotels kompanieweise untergebracht. Das Vorkommando, das schon einige Wochen vor uns in Mataruschka-Banja war, hatte bereits einen Toten durch Partisanen...

Unsere Ausbilder an der Fallschirmspringerschule III Kraljewo waren alle alte erfahrene „Hasen" und hatten schon einige Sprungeinsätze gemacht. Es waren, wie nicht anders bei den Fallschirmjägern zu erwarten, durchwegs feine Burschen, mit denen wir sehr schnell Kontakt hatten und uns gut mit ihnen verstanden.

Wir wurden in Gruppen zu 10 Mann eingeteilt. Ich war bei der Unterführergruppe vom Stab und hatte einen Unteroffizier der Luftwaffe als Ausbilder. Zunächst erhielten wir einmal Unterricht über das Wesen der Fallschirmtruppe, Kampfesweise und –art. Es wurde uns erklärt, dass unser grösstes Plus beim Absprung im Feindesland der Überraschungsmoment sei. Es wurde uns erklärt, je schneller wir aus der Maschine sprängen, umso geschlossener erfolgte die Landung einer Gruppe, bzw. Zuges. Wenn einer nur um Sekunden zögern würde, würde das bei der Landung einen Abstand zum Kameraden von 40 bis 50 Meter ausmachen.

Dann erhielten wir die Springerausrüstung: Springerhelm, -kombination in Tarnfarben, die Springerschuhe und den Fallschirm RZ 20. Diesen Schirm mussten wir mit unserem Namen kennzeichnen, weil jeder für sich, für diesen Schirm verantwortlich war. Wir lernten die unzähligen Packvorgänge und Griffe um die 55 m² grosse Seide so zu legen und zu falten, dass sie beim Sprung auch tatsächlich aufging und uns sicher zu Boden brachte. Manch ein Luftikus von uns, der im Leben nicht alles so genau genommen hatte, war beim Packen seines Schirmes plötzlich ein sehr genauer Soldat geworden. Wir übten das Aussteigen aus der Maschine an einer alten abgewrackten „Tante Ju 52", wir lernten die Rolle vorwärts und die Rolle rückwärts aus dem Stand und aus dem Flug. Dazu wurden wir, in den Gurten hängend, mit einem Seil ca. 1,5 bis 2 Meter hochgezogen und wie bei einer Schaukel in Schwingungen versetzt. Der Ausbilder hatte eine Leine in der Hand und rief: „40 Meter – 30 Meter – 20 Meter – 10 Meter – fertig zur Landung!" Dann zog er die Leine, das Seil löste sich vom Gurt und wir sausten auf die unter uns liegende Matte und mussten je nach der angegebenen Windrichtung eine Rolle vorwärts oder rückwärts machen. Oder wir mussten von einem 10 Meter-Turm in ein von den Kameraden aufgespanntes Sprungtuch mit Bauchlandung springen. Eine andere Art mit dem Schirm vertraut zu werden war die: eine Ju 52 ohne Tragflächen wurde vor dem Hangar, mit dem Schwanzende zur Landepiste angepflockt. Wir mussten uns mit umgeschnallten Übungsschirm dahinterlegen und dann liess der Pilot die Motoren an. Der Propellerwind blähte den Schirm auf und trieb ihn, mit uns als Anhängsel über den Platz. Im Dahinschleifen mussten wir die Brust- und Schenkelgurte öffnen. Der Schirm ohne Last fiel dann in sich zusammen...

Nach drei Wochen war es dann soweit, wir durften erstmals in ein Flugzeug, eine Ju 52, klettern. Es war der erste Flug in meinem Leben. Wir hatten lange darauf gewartet, nun war es so weit. Immer 10 Mann in eine Maschine. Dieser erste Flug wurde noch ohne Fallschirm gemacht. Es war der sog. Einweisungsflug und wir

sollten nur einmal mit dem Gefühl des Fliegens vertraut gemacht werden... Nach diesem Flug sollte es mit dem Springen richtig losgehen.
Es wurde uns gesagt, dass jeder dreimal einen Sprung verweigern konnte. Nach der dritten Weigerung wurde er wieder in die frühere Einheit zurückversetzt. Ich kann mich nicht erinnern, dass auch nur ein einziger unseres Bataillons den Sprung verweigert hätte. Vom letzten Mann bis zum Kommandeur haben alle die sechs Pflichtsprünge gemacht.
Der erste Sprung wurde aus ca. 600 Meter Höhe mit Holzattrappen als Waffen gemacht. Dann jedesmal 100 Meter weniger – beim letzten Sprung, der kriegsmässig mit allen Waffen und scharfer Munition gesprungen wurde, wurde bereits aus der Luft mit Gewehr und Maschinenpistole auf Pappkameraden geschossen. Wir waren nun voll ausgebildete Fallschirmjäger und bereit zum Einsatz."

Ein ehemaliger Angehöriger erinnert sich an das Verhältnis zwischen Rahmenpersonal und den Bewährungsschützen aus dem Strafvollzugslager der Waffen-SS und Polizei:
„Bei den Männern aus Danzig-Matzkau gab es eine große Bandbreite an Charakteren. Bei manchen dachte ich mir, wie die überhaupt einmal zur Waffen-SS einberufen gewesen sein konnten? Die meisten fügten sich aber problemlos ein und waren froh, dem Strafvollzugslager entronnen zu sein. Dort mußte ja alles im Laufen geschehen – auch wenn die Männer zu Aufräumarbeiten (Bombenangriffe) nach Danzig kommandiert wurden. Einige gaben sich nicht der Hoffnung hin, je wieder in die Gesellschaft integriert zu werden und die Bezeichnung „verlorener Haufen" kursierte oft. Der Ansicht, sie würden in einen aussichtslosen Einsatz geführt werden, bezeichneten sie sich selbst als ABC-Schützen. A für im Arbeitsdienst stehende Soldaten (Trümmerräumen), B für Bewährungsschützen und C für Chlorkalk-Schützen (Gefallene wurden in den Gräbern oft mit Chlorkalk bedeckt). Als sie merkten, dass auch nicht vorbestrafte SS-Angehörige mit in den Einsatz gehen sollten, änderte sich ihre Meinung."

Ein sog. B-Schütze (Bewährungsschütze) -
erkennbar an den einfachen schwarzen Kragenspiegeln -
in dem grauen Luftwaffen-Knochensack 1. Modell

Dieser SS-Bewährungs-Schütze wurde mit dem Luftwaffen-Knochensack 2. Modell ausgestattet.

"Trockenübungen" vor dem ersten Sprung.

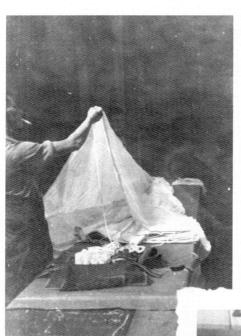

Instandsetzung...

...und Packen
der Fallschirme RZ 20

Einsatz in Südosteuropa

Die Partisanenbewegung in Ex-Jugoslawien

Nachdem das SS-Fallschirmjäger-Bataillon bei der Bandenbekämpfung in Ex-Jugoslawien Verwendung finden sollte, ist die damalige Situation kurz zu beleuchten! Interessanterweise kam es erst nach rund einem Jahr nach dem beendeten Jugoslawien-Feldzug des Frühjahres 1941 zu größeren Aufstandsbewegungen. Hatten bis dato vor allem desertierte jugoslawische Soldaten und Teile der arbeitslosen Landbevölkerung die Regionen beunruhigt, so trat nunmehr einheitlich die, um die im monarchistischen, großserbischen Nationalismus wurzelnde, Bewegung des Generals Mihailovic[8] auf. Im Herbst 1942 wurde zudem die aus dem „Nationalen Befreiungsausschuss" in Jaice hervorgegangene, kommunistische Bewegung unter Josip Broz „Tito"[9] als weiterer Ernst zu nehmender Faktor in Erscheinung.

Zu ersten umfassenden deutschen Aktionen gegen die Partisanen kam es allerdings erst Anfang 1943. Nach den alliierten Erfolgen in Nordafrika befürchtete die deutsche Führung eine mögliche anglo-amerikanische Großlandung an der kroatischen Küste. Mit den Unternehmen „Weiß I – III" versuchte der Oberbefehlshaber „Südost"[10], die durch grosse Bevölkerungsteile unterstützte und tolerierte Partisanenbewegung unter Tito in ihren Kerngebieten auszuschalten. Obwohl die Unternehmen den Partisanen schwere Verluste zufügten und sie bis Ende Februar 1943 an die montenegrinische Grenze vertrieben, brachten sie keinen vollen Erfolg. Im Mai 1943 wurde das Unternehmen „Schwarz" durchgeführt, dass sich gegen die Partisanen unter Mihailovic in Montenegro richtete. Nicht zuletzt durch das Verhalten des große Teile des Balkans kontrollierenden italienischen Verbündeten (ex mare-nostro-Politik) blieb ein durchschlagender Erfolg auch hier aus.

Die Diskrepanzen zu Italien mehrten sich und äußerten sich wenige Wochen später in dem Waffenstillstand Italiens vor den Alliierten. Dennoch kam die Absetzung Mussolinis[11] mehr oder weniger überraschend für die deutsche Führung. Da auf dem Balkan die deutschen Truppen nicht ausreichten, den gesamten Raum der italienischen Verbände zu übernehmen, konnten die jugoslawischen Partisanen vor allem die Küstenstreifen und die vorgelagerten Inseln besetzen. Die anglo-amerikanische Führung wies seinen neuen Verbündeten Italien jedoch an, einzelne wichtige Inseln wie z. B. Korfu selbst zu behaupten, um von dort ggfs. eine Basis für eine Grosslandung zu haben. Sie fürchteten, dass Tito und Stalin den personellen Einfluss der Westalliierten auf dem Balkan verhindern würden. Nachdem deutsche Verbände im

---

[8] Mihailovic gehörte der jugoslawischen Exilregierung in London als Kriegsminisster an.
[9] Zur Biographie siehe Anlage 5
[10] Der Oberbefehlshaber der Heeresgruppe „F", Generalfeldmarschal Freiherr von Weichs, übernahm ab 26. August 1943 die Funktion des Oberbefehlshabers „Südost" in Personalunion.
[11] Zur Biographie siehe Anlage 5

Herbst 1943 die meisten Inseln wieder unter eigene Kontrolle gebracht hatten, fiel der Insel Lissa (Vis) eine besondere Bedeutung zu. Lissa bildete als vorgelagerte Insel den Hauptumschlagplatz der englischen Hilfsleistungen für Tito. Von hier wurden die Waffen, Munition und sonstige Versorgungsgüter mit kleinen Lastenseglern zur Küste und von dort in die Gebirge zu den Partisanenverbänden gebracht.

Die Insel, die von den Tito-Partisanen regelrecht zur Festung ausgebaut worden war, sollte daher schnellstmöglich besetzt werden. Der deutsche Kräftemangel ließ jedoch einen Angriff erst im März 1944 in greifbare Nähe rücken. Im sog. Unternehmen „Freischütz" sollten Teile der 118. Jäger-Division, ein Pionier-Landungs-Bataillon, das SS-Fallschirmjäger-Bataillon sowie Kräfte der Marine und Luftwaffe eingesetzt werden. Der für die Zeit zwischen 15. und 20. März 1944 vorgesehene Angriff wurde jedoch auf Grund der Entwicklung in Ungarn zunächst verschoben und von Hitler am 23. April 1944 schließlich ganz zurückgestellt. Einzigst bombardierte die Luftwaffe wiederholt die Adria-Insel und verhinderte so u. a. den Bau eines Flughafens.

Exkurs: Besetzung Ungarns

Bereits im Frühjahr 1942 zeigten sich deutsch-ungarische Spannungen. Hierbei handelte es sich um den Wunsch des Reichsverweser Admiral von Horthy aus dem Krieg an deutscher Seite auszutreten. So distanzierte sich die ungarische Regierung auch wiederholt vor dem Auslande von Deutschland. Von besonderer Bedeutung war auch das ungarische Bestreben seine Divisionen aus der Ostfront herauszulösen!

Die Bündnistreue wurde nach der Kapitulation Italiens am 8. September 1943 erneut hinterfragt und der Wehrmachtführungsstab arbeitete Pläne aus, wie dem potentiellen Abfall Ungarns und Rumäniens vorgebeugt werde konnte. Grundsätzlich wurde die Besetzung beider Länder (Fall „Margarethe I und II") und die Einsetzung neuer deutsch-orientierter Regierungen ins Auge gefasst. Am 3. Dezember 1943 wurde der Chef des Generalstabes des Oberbefehlshabers „Südost", General Foertsch, in das Führerhauptquartier bestellt und in den Fall „Margarethe I" – die Besetzung Ungarns – eingewiesen. Hierbei wurde erneut herausgestellt, dass in Ungarn nach der Besetzung eine nationale Regierung eingesetzt werden sollte, die das Land wieder stärker an Deutschland zu binden hatte. Gegebenfalls sei die gesamte ungarische Wehrmacht zu entwaffnen.

Die Bereitstellung der nötigen deutschen Truppenverbände für die Besetzung führte bei der damaligen äußerst angespannten Kriegslage (u. a. durch die sowjetische Offensive bei Tarnopol) zu erheblichen Schwierigkeiten. Fast ausschließlich wurden hierzu Truppen verwendet, die sich in Aufstellung oder Auffrischung befanden. Am 28. Februar 1944 befahl Hitler die Vorarbeiten zum Abschluss zu bringen.

Unter der Führung des Stabes z. b. V. Foertsch sollten vier Kampfgruppen konzentrisch auf Budapest vormarschieren und Westungarn bis zur Theiß besetzen:

1.) Vom Süden, unter Führung des Generalkommandos XXII. Gebirgs-Korps:
- Kampfgruppe A vom Banat mit:
    Grenadier-Regiment (mot.) 92
    4. Regiment „Brandenburg"
    SS-Polizei-Regiment 5
    Panzer-Abteilung 202 (französisch)
    Pionier-Bataillon (mot.) 45
    1 Brückenkommando (mot.)
- Kampfgruppe B (Kdr. 42. Jäger-Division) aus dem Raum südlich Neusatz mit:
    Kampfgruppe/42. Jäger-Division
- Kampfgruppe C (Kdr. 8.SS-Kavallerie-Division) aus dem Raum südlich Esseg mit:
    Kampfgruppe/8. SS-Kavallerie-Division
2.) Vom Südwesten, unter Führung des Generalkommandos LXIX. Armee-Korps:
- Kampfgruppe A (Kdr. 1. Gebirgs-Division) aus dem Raum um Virovitica mit:
    Kampfgruppe/1. Gebirgs-Division
- Kampfgruppe B (Kdr. 367. Infanterie-Division) mit:
    Kampfgruppe/367. Infanterie-Division
    Kampfgruppe/18.SS-Freiw.-Panzer-Grenadier-Div.„Horst Wessel"
3.) Vom Nordwesten, unter Führung des Gen. Kdo. LVIII. Reserve-Panzer-Korps aus dem Raum südöstlich Wiens mit:
    Panzer-Lehr-Division
    16. SS-Panzer-Grenadier-Division „Reichsführer-SS"
    I. /SS-Panzer-Regiment 5
    schwere Artillerie-Abteilung 997
    1 Landesschützen-Bataillon
    1 Bau-Pionier-Bataillon
4.) Vom Norden unter Führung des Gen.Kdo. LXXVIII. Armee-Korps z. b. V. aus dem Raum Neu-Sandez - Neumarkt mit:
    Grenadier-Regiment 1029 „Großdeutschland"
    Grenadier-Regiment 1030 „Feldherrnhalle"
    Alarm-Regiment „Brandenburg"
    1 Landesschützen-Bataillon
    1 Bau-Pionier-Bataillon

Das SS-Fallschirmjäger-Bataillon sollte anstelle des noch nicht verwendungsfähigen Fallschirm-Jäger-Regiments 6 der Luftwaffe eingesetzt werden. Unter der Führung des Kommandeurs der Division „Brandenburg", Generalmajor von Pfuhlstein[12],

---

[12] Zur Biographie siehe Anlage 5

Die Besetzung Ungarns: Fall „Margarethe"

sollten die SS-Fallschirmjäger gemeinsam mit den Fallschirmjägern der Division „Brandenburg" alle kriegswichtigen Objekte in Budapest besetzen und eine einheitliche Führung der ungarischen Regierung und Wehrmacht verhindern.

Die deutschen Truppenbewegungen in und um Ungarn wurden dem offensichtlich besorgten ungarischen Generalstab mit der Lage an der Ostfront erklärt. Am 13. März 1944 berichtete der stellvertretende Chef des ungarischen Generalstabes dem deutschen Luftwaffen-Attaché, Generalleutnant Fuetterer, dass Meldungen vorlagen, wonach sich im Raum Wien deutsche Offiziere gegenüber Bahnbeamten geäußert hätten, sie wären zur Besetzung Ungarns bestimmt! Der Chef des Oberkommandos der Wehrmacht teilte daraufhin wahrheitswidrig mit, diese Verbände seien zu Truppenversuchen unter der Leitung des Generalinspekteurs der Panzertruppen Guderian in den ungarischen Raum abkommandiert.

Am nächsten Tag wurde auch der Einsatz der Gruppe „von Pfuhlstein" näher definiert: infanteristische Kräfte der Division „Brandenburg" sollten für den 18. März 1944 unabhängig voneinander Bahntransporte in Ungarn anmelden und dann die Transportzüge gegen 22 Uhr im Umkreis von 40 km um Budapest durch Eigensabotage anhalten und ausladen. Gegen 4.30 Uhr des nächsten Tages sollten die Truppen im Rahmen des Unternehmens „Trojanisches Pferd" die Burg und Zitadelle besetzen. Das SS-Fallschirmjäger-Bataillon hatte gemeinsam mit den Fallschirmjägern der Division „Brandenburg" als Reserve bereitzustehen. Der Reichsführer-SS wies den Kommandeur des SS-Fallschirmjäger-Bataillons diesbezüglich an, die Befehle des Oberbefehlshabers „Südost" auszuführen.

Hitler selbst lud den ungarischen Reichsverweser Admiral von Horthy[13] für den 18. März 1943 auf das Schloß Kleßheim bei Salzburg ein, um ihm die bevorstehende Besetzung mitzuteilen und die Entlassung der derzeitigen ungarischen Regierung zu fordern. Ohne Alternativen erklärte sich von Horthy dazu bereit, eine neue Regierung einzusetzen, die die Gewähr dafür geben sollte, den *„Krieg an deutscher Seite bis zum Endsieg weiterzukämpfen"*.

Aufgrund dieser Zusagen sah Hitler von einer Besetzung der Budapester Burg und Zitadelle sowie der Entwaffnung der ungarischen Wehrmacht ab. Dennoch besetzten deutsche Truppen – darunter auch die Fallschirmjäger der Division „Brandenburg" und der Waffen-SS – den westungarischen Raum.

Nachdem am 23. März 1944 die neue ungarische Regierung unter Ministerpräsident Sztójay bekanntgegeben wurde[14], gab Hitler zahlreiche als Besatzungstruppen eingeplante deutsche Kräfte an die bedrohte Karpatenfront frei. Am 31. März 1944

---

[13] Zur Biographie siehe Anlage 5
[14] Der bisherige ungarische Ministerpräsident, Miklos von Kállay, wurde verhaftet und 1945 im KL Dachau durch US-Truppen befreit.

folgte auch u. a. der Befehl zur Rückverlegung des drei Tage vorher in SS-Fallschirmjäger-Bataillon **500** umbenannten SS-Sonderbataillons nach Kraljewo zur weiteren Partisanenbekämpfung in Kroatien und Serbien. Hier wurden dann auch Bewährungsschützen, die sich für diese Einheit untauglich erwiesen hatten, zurück nach Chlum kommandiert. Ein ehemaliger Angehöriger erinnert sich:

„Am 17. April 1944 erhielt ich vom Kommandeur den Befehl, ca. 100 Mann der B-Schützen im Eisenbahntransport nach Chlum zurückzubringen und der dortigen SS-Dienststelle zu übergeben. Es waren dies Männer, die entweder gesundheitlich oder charakterlich für den Einsatz im Fallschirmjäger-Bataillon nicht geeignet waren. Ich kann mich erinnern, dass z. B. eine Gruppe von Männern heimlich Ausrüstungsgegenstände an die serbische Bevölkerung verkauft oder gegen Schnaps eingetauscht hatte. Ich musste selbst – im Auftrag von SS-Hauptsturmführer Dr. Leschinger[15], so einen Fall untersuchen. Hier hatten Männer unseres Bataillons Stiefel an den Schuhmachermeister von Kraljewo und im zweiten Fall sogar Pistolen an Zivilisten verkauft. Die Schuhe konnten wir beim Schuhmachermeister wiederfinden, die Pistolen aber nicht mehr. Solche Leute waren für das Bataillon natürlich nicht geeignet. Es wurde in allen Kompanien streng gesiebt und was nicht 100% war, kam zurück nach Chlum."

---

[15] Zur Biographie siehe Anlage 5

Letzte Gruppenaufnahmen vor dem ersten Sprung...

Gruppenweises Antreten

Fertig zum ersten Sprung!

Sprung aus der Ju-52

Landung

Unternehmen „Maibaum"

Nachdem Tito bereits Ende 1943 unter schweren Verlusten erfolglos versucht hatte, in einer ersten zusammenhängenden Grossoffensive des I., II. und III. kommunistischen Partisanen-Korps, aus dem montenegrinisch-bosnischen Raum nach Serbien einzufallen, sah er im März 1944 erneut durch den Abzug starker deutscher Truppen (Unternehmen „Margarethe") die Möglichkeit eines erfolgreichen Einsatzes. Am 22. /23. März 1944 konnte das II. kommunistische Korps mit rund 17.000 Partisanen aus dem Raum südlich Visegrad kommend, über den Lim-Abschnitt, die vor allem bulgarischen Sicherungstruppen im serbisch-montenegrinisch-kroatischen Grenzgebiet überrennen und in den rund 120 km entfernten Raum nördlich Novipazar vorstossen. Gegenangriffe am 26. März 1944 – u. a. eines Regiments der serbischen Freiwilligen-Korps und eines Regiments der Russischen Schutzkorps – bei Ivanjica führten zum Ausweichen der Tito-Partisanen in südöstliche Richtung auf Raska am Fluß Ibar.

Da in Serbien zu diesem Zeitpunkt praktisch keine weiteren deutschen Truppen verfügbar waren und sich der niedrige Kampfwert der bulgarischen Truppen zeigte, beantragte Generalfeldmarschall Freiherr von Weichs Ende März 1944 beim Wehrmachtführungsstab die Rückführung verschiedener Truppen aus Ungarn; so des Grenadier-Regiments (mot.) 92, des 4. Regiments „Brandenburg", des SS-Polizei-Regiments 15 sowie des SS-Fallschirmjäger-Bataillons 500.

Die prekäre deutsche Lage in Südserbien verbesserte sich Anfang April 1944 etwas, als es sich zeigte, dass auch Tito unter erheblichen Nachschubschwierigkeiten litt – die Masse des II. Partisanen-Korps konzentrierte sich am 6. April 1944 bereits wieder westlich Ivanjica und war selbst eingeschlossen. Um seinen Partisanen zu helfen, befahl Tito am 23. April 1944 den Angriff des III. bosnischen Partisanen-Korps (16. und 36. Voivodina- sowie 17. ostbosnische Division) nördlich davon über die Drina. Die 2. und 5. kommunistische Division, die von deutschen Truppen stark bedrängt bei Ivanjica standen, versuchten daraufhin in nordwestlicher Richtung in Bosnien Verbindung zur Drina-Gruppe zu erhalten. Diese Gelegenheit mehrere Partisanen-Divisionen zu zerschlagen, nahm Generalfeldmarschall Freiherr von Weichs wahr und befahl Kräften des Serbischen Freiwilligen-Korps sowie der 7. und 13. SS-Freiwilligen-Gebirgs-Division im Raum zwischen Vlasenica und der Drina die Feindansammlungen zu zerschlagen. Die Partisanen sollten entweder gegen die an der Drina durch Einheiten des Militärbefehlshabers „Südost" gebildete Sperrlinie gedrückt oder bis zu ihrer Auflösung verfolgt werden.

Der Wehrmachtführungsstab stimmte den Plänen zum Unternehmen „Maibaum" zu und erwirkte Ende April 1944 auch die Freigabe des am 5. April 1944 von Ungarn wieder nach Kraljevo inmarschgesetzten SS-Fallschirmjäger-Bataillons 500. Die

Führung des Bataillons hatte inzwischen SS-Hauptsturmführer Rybka[16] von SS-Sturmbannführer Gilhofer übernommen.

Unter der Führung des V. SS-Freiwilligen-Gebirgs-Korps (SS-Obergruppenführer und General der Waffen-SS Phleps) ließ die 13. SS-Freiwilligen-Gebirgs-Division „Handschar" ihr SS-Freiwilligen-Gebirgs-Jäger-Regiment 27 im Raum südlich Zvornik Stellungen beziehen, um in Anlehnung an die Truppen des Militärbefehlshabers „Südost" ein Überschritten der Drina nach Osten zu verhindern. Das SS-Freiwilligen-Gebirgs-Jäger-Regiment 28 marschierte durch das Majevica-Gebirge in Richtung Vlasenica. Die 7. SS-Freiwilligen-Gebirgs-Division „Prinz Eugen" stieß

---

[16] Zur Biographie siehe Anlage 5

mit dem SS-Freiwilligen-Gebirgs-Jäger-Regimentern 14 aus dem Raum Rogatnica in nördliche Richtung vor. Das SS-Freiwilligen-Gebirgs-Jäger-Regiment 13 sowie die SS-Aufklärungs-Abteilung 7 waren nordwestlich davon eingesetzt. Das SS-Fallschirmjäger-Bataillon 500 erhielt am 27. April 1945 den Einsatzbefehl und schloss den Einschliessungsring bei Vlasenica. Damit waren vier Partisanen-Divisionen eingeschlossen.

Obwohl sich bereits erste Partisanen-Abteilungen auflösten, kam es stellenweise zu heftigen Kämpfen. So z. B. Ende April 1944 im Raum Sekovici als es den Partisanen gelang, das I. /SS-Freiwilligen-Gebirgs-Jäger-Regiment 28 einzuschliessen. Erst am 1. Mai 1944 konnte das II. Bataillon sowie Teile des Schwesterregiments die eingeschlossenen Kompanien freikämpfen. Die SS-Aufklärungs-Abteilung 7 hatte schwere Gefechte mit – nach Nordwesten ausbrechenden – Teilen der 17. ostbosnischen Division bei Kladanj zu bestehen.

Am 10. Mai 1944 endete das Unternehmen „Maibaum". Titos zweiter Versuch in Serbien Fuß zu fassen war ebenfalls gescheitert. Dabei waren die 2., 5., 16. und 17. Partisanen-Division – wenn auch nicht komplett zerschlagen – aber doch an den Rand der Auflösung gebracht worden. Für die deutsche Seite zeigte es sich, dass auf den bulgarischen Verbündeten kein Verlass war. Demgegenüber bewiesen das Russische Schutzkorps sowie das Serbische Freiwilligen-Korps eine erstaunliche Einsatzbereitschaft. Bemerkenswert war auch das schnelle Zusammenziehen deutscher Kräfte, die nicht nur in der Abwehr der Partisanenoffensive sondern auch im Gegenangriff erfolgreich kämpften.

Das SS-Fallschirmjäger-Bataillon 500 verlegte zurück nach Kraljewo und verfügte Ende Mai 1944 über eine Stärke von 1.140 Mann:

Bataillonsstab		267 Mann
Nachrichtenzug	42 Mann	
Stabskompanie	66 Mann	
Kraftfahrzug	30 Mann	
Abteilung III	7 Mann	
Fallschirm-Instandsetzungs-Zug	31 Mann	
Versorgungs-Kompanie	91 Mann	
3 Schützen-Kompanien á	164 Mann	492 Mann
1 (schwere) Kompanie		200 Mann
Kompanieführerzug	33 Mann	
Nachrichtenzug	11 Mann	
Flammenwerferzug	28 Mann	
Granatwerferzug (8,14 cm)	34 Mann	
schwerer Maschinengewehrzug	38 Mann	
leichter Panzerabwehrkanonenzug	56 Mann	
1 Feldausbildungs-Kompanie		181 Mann

Unternehmen „Rösselsprung"

Nachdem der Partisanenkrieg einem Kampf gegen eine Hydra gleichkam, plante die deutsche Führung Anfang 1944 einen Stoß in deren Herz – einen Angriff auf das Hauptquartier Titos in Drvar[17]. Der Wehrmachtführungsstab unterbreitete dem Oberbefehlshaber „Südost" diesbezüglich Vorschläge, die schließlich unter der Führung der 2. Panzer-Armee realisiert wurden. Die 2. Panzer-Armee gliederte sich zu diesem Zeitpunkt in:
XXI. Gebirgs-Korps mit
   297. Infanterie-Division
   181. Infanterie-Division
V. SS-Freiwilligen-Gebirgs-Korps mit
   369. Infanterie-Division (kroatische)
   118. Jäger-Division
   7. SS-Freiwilligen-Gebirgs-Division „Prinz Eugen"
XV. Gebirgs-Korps mit
   264. Infanterie-Division
   373. Infanterie-Division (kroatische)
   392. Infanterie-Division (kroatische)
Armee-Korps „Syrmien" mit
   13. Waffen-Gebirgs-Division der SS „Handschar"
LXIX. Gebirgs-Korps mit
   1. Kosaken-Division
z. Vfg.: Division „Brandenburg"

Mit dem Unternehmen „Rösselsprung" sollte der ca. 750 km^2 (sic!) grosse Raum Bugojno - Jajce - Banja Luka - Prijedor - Bihac – Knin, innerhalb 24 Stunden konzentrisch auf Drvar zielend, befriedet werden. In Drvar selbst war, den Moment der Überraschung ausnutzend, mit einer Luftlandeaktion Tito und sein Stab gefangenzunehmen.

Eingesetzt wurden von der 2. Panzer-Armee große Teile der 7. SS-Freiwilligen-Gebirgs-Division „Prinz Eugen" sowie Teile der 373. Infanterie-Division (kroatische). Für den Einsatz wurde die SS-Division zur einheitlichen Führung dem XV. Gebirgs-Korps unterstellt. Der Oberbefehlshaber „Südost", Generalfeldmarschall Freiherr von Weichs, stellte aus seiner eigenen operativen Reserve die Panzer-Abteilung 202, das 4. Regiment „Brandenburg" sowie das Grenadier-Regiment (mot.) 92 zur Verfügung. Vom Oberkommando der Wehrmacht wurde die Aufklärungs-Abteilung der 1. Gebirgs-Division und vom Reichsführer-SS am 10. Mai 1944 das SS-Fallschirmjäger-Bataillon 500 für den bevorstehenden Einsatz freigegeben.

---

[17] Drvar war seinerzeit ein kleiner Ort mit rund 4.000 Einwohnern und lag an der Eisenbahnstrecke Banja Luka – Split in einer Talschlucht, die von der Unac, einem kleinen Gebirgsfluss, durchzogen war.

Himmler hatte sich erst spät mit dem Einsatz einverstanden erklärt, da er das Bataillon eigentlich zu diesem Zeitpunkt zu einem Partisanenbekämpfungsunternehmen in der Oberkrain einsetzen wollte.

Die 7. SS-Freiwilligen-Gebirgs-Division „Prinz Eugen" trat am Morgen des 25. Mai 1944 aus der allgemeinen Linie Banja Luka – Mrkonic – Jajce nach Westen an. An der westlichen Kesselfront stießen von der 373. Infanterie-Division (kroatische) das II. und III. /Infanterie-Regiment 384 sowie die Aufklärungs-Abteilung 373 entlang der Straße Knin - Bihac nach Osten vor. Südöstlich davon ging die Aufklärungs-Abteilung der 1. Gebirgs-Division aus Granovo auf Drvar vor. Die Panzer-Abteilung 202 sowie das Grenadier-Regiment (mot.) 92 traten von Norden aus an.

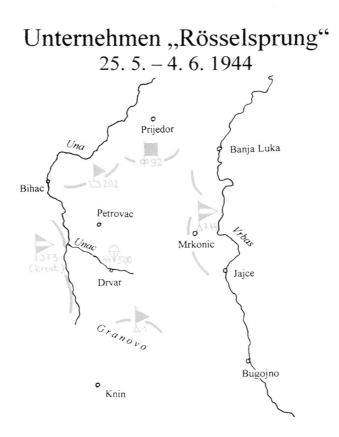

© Michaelis-Verlag Berlin, September 2004

Für die Luftlandung in Drvar wurde das SS-Fallschirmjäger-Bataillon 500 am 20. Mai 1944 in Kraljewo alarmiert und verlegte kurz darauf in drei Transporten an die Ausgangsflughäfen:

Gruppe 1 (SS-Untersturmführer Haselwanter) fuhr im mot.-Marsch am 22. Mai 1944 nach Belgrad und von dort per Eisenbahn in die Nähe von Groß-Betschkerek.

Gruppe 2 (SS-Untersturmführer Witzemann) verlegte per Eisenbahn in das rund 460 km entfernte Agram! Hier traf auch die für den Einsatz unterstellte Einheit „Benesch" (Major Benesch) der Division „Brandenburg" ein.

Gruppe 3 (SS-Hauptsturmführer Obermeier) fuhr zunächst zusammen mit der Gruppe 2 per Eisenbahn von Kraljewo Richtung Agram, lud jedoch in Nova Gradiska aus und marschierte am 24. Mai 1944 im mot.-Marsch (inkl. Verpflegung, Waffen und Munition für alle drei Gruppen) in den Raum Banja Luka.

Da über dem gesamten Unternehmen „Rösselsprung" äußerste Geheimhaltung lag, durften die Angehörigen während dieser Verlegung weder ihre Fallschirmspringerhelme, ihre Sprungkombination noch die Fallschirme offen tragen.[18]

Von den 1.140 Angehörigen des SS-Fallschirmjäger-Bataillons 500 nahmen ca. 850 an dem Unternehmen „Rösselsprung" teil. Davon bildeten 654 Mann in neun Gruppen die erste Landewelle und rund 200 Mann die zweite Landewelle.

Im Sprungeinsatz sollten die
    Gruppe „Blau" (100 Mann)
    Gruppe „Grün" (95 Mann)
    Gruppe „Rot" (85 Mann)
gegen die Zitadelle vorgehen und den Ort zusammen mit den anderen Gruppen halten, bis die motorisierten Truppen eintrafen.

In Lastenseglern transportiert, sollte die
    Gruppe „Panther" (110 Mann) die Zitadelle erobern
    Gruppe „Greifer" (40 Mann) sowie
    Gruppe „Beisser" (20 Mann) die britische Militärmission
    Gruppe „Stürmer" (50 Mann) die sowjetische Militärmission
    Gruppe „Brecher" (50 Mann) die amerikanische Militärmission
gefangen nehmen. Die
    Gruppe „Draufgänger" (70 Mann) hatte die Funkstation zu besetzen.

---

[18] Gleiche Geheimhaltung wurde im übrigen auch allen anderen am Unternehmen „Rösselsprung" beteiligten Truppen auferlegt. Um das Einsatzziel zu verbergen, bezog die Masse der Einheiten erst in der Nacht zum 25. Mai 1944 ihre Ausgangsstellungen!

SS-Hauptsturmführer Rybka stellte am 24. Mai 1944 für den Einsatz am nächsten Tag heraus:
„Schwerpunkt des Handels für alle Teile des Bataillons ist der Oberste Stab Titos. Sobald genau bekannt ist, wo sich der Stab befindet, haben alle Teile des Bataillons, die in der Nähe dieses Hauptzieles gelandet sind, unaufschiebbar und rücksichtslos vor allem den Obersten Stab Titos auszuschalten. Wichtige Persönlichkeiten sollen nach Möglichkeit lebend in unsere Hand fallen. Schriftliches Material von Wert ist aufzubewahren. In den Gebäuden des Stabes sind unbedingt Brände zu vermeiden, damit die Männer des Nachrichtendienstes in den Besitz wertvollen Materials gelangen können."

Das Unternehmen „Rösselsprung" begann in den frühen Morgenstunden des 25. Mai 1944 mit einer Bombardierung Drvars. Gegen 7 Uhr landete die erste Welle der SS-Fallschirmjäger und griff von drei Seiten das sich in einer Felsenhöhle befindliche Hauptquartier Titos an. Bei der Landung gab es schon zahlreiche Verluste, neben Knochenbrüchen der Fallschirmspringer, gingen einige Lastensegler bei der Landung zu Bruch – so z. B. ein DFS 230 der Gruppe „Panther", bei dem alle Insassen ums Leben kamen. Der Lastensegler der Gruppe „Greifer" wurde beschossen und musste 10 km vor Drvar landen. Der Gruppenführer fiel dabei.

Gegen 12 Uhr sprangen rund 200 SS-Fallschirmspringer unter der Führung von SS-Hauptsturmführer Obermeier in einer zweiten Welle ab. Es gab erneut grosse Verluste – u. a. fiel hier auch Obermeier. Nachdem das eigentliche Hauptquartier leer war, erkämpften sich die SS-Männer Zugang zu der mit einer Blockhütte vorgebauten Höhle, die die tatsächliche Unterkunft Titos darstellte. Der Bataillonskommandeur SS-Hauptsturmführer Rybka wurde nachmittags durch eine Handgranate verwundet und am Abend mit einem Fieseler Storch ausgeflogen. Hauptmann Bentrup übernahm die Führung des Bataillons.

Obwohl sie durch ihren eigenen Nachrichtendienst von einem Luftlandeunternehmen gegen Drvar Informationen besass, war die Partisanenführung doch sichtlich überrascht. So befanden sich zum Zeitpunkt des Angriffes nur einige Teile der 3. Brigade der 6. Proletarischen Division sowie ein Begleit-Bataillon in Drvar. Allerdings marschierten sofort zahlreiche alarmierte Partisanenverbände aus der Umgebung heran – so z. B. rund 100 Offiziersschüler, die etwa 1,5 km entfernt gerade eine Übung abhielten oder Teile der 1. Brigade.

Hierdurch stark bedrängt, mussten sich die SS-Fallschirmjäger auf den – durch die Mauer etwas Schutz bietenden – Friedhof (ca. 50 x 80 m) zurückziehen. Von den Partisanen eingeschlossen, wurde die Lage vor allem durch die schlechte Munitionslage bald prekär. Etwas Entlastung konnten bis zur Dämmerung deutsche Schlachtflugzeuge und Stukas geben, die mehrfach in die Kämpfe eingriffen und Versorgungsgüter abwarfen. Als sich am Abend des 25. Mai 1944 feindliche Granatwerfer aus den umliegenden Bergen auf den Friedhof einschossen, wurde die Lage nahezu aussichtslos – einem gegnerischen Sturmangriff hätten die Männer außer der blanken Waffe praktisch nichts mehr entgegensetzen können.

Nachdem sich jedoch inzwischen die motorisierten deutschen Kräfte Drvar genähert hatten, zogen sich die Partisanen am Morgen des 26. Mai 1944 zunächst zurück. Dabei gelang es den eingeschlossenen SS-Männern aus einem Lastensegler endlich Muniton zu bergen. Auch griff die Luftwaffe wieder in die Kämpfe ein und warf in Versorgungsbehältern zusätzliche Munition ab. Mit dem Eintreffen der Soldaten der 373. Infanterie-Division (kroatische) und der 7. SS-Freiwilligen-Gebirgs-Division im Laufe des 26. Mai 1944, ebbten die Kämpfe weiter ab. Das SS-Fallschirmjäger-Bataillon 500 wurde nunmehr der 373. Infanterie-Division (kroatische) unter Generalmajor Aldrian[19] unterstellt.

Die Luftlandung in Drvar hatte jedoch nicht den gewünschten Erfolg gebracht; Tito war es bereits am ersten Tag gelungen, sich in dem – östlich Drvar gelegenen – Ort Potoci zu verstecken.[20] Einzigst erbeuteten die Männer eine neugeschneiderte Marschallsuniform Titos, die später in Wien ausgestellt werden sollte. Um Drvar selbst wurde in den folgenden Tagen erneut schwer gekämpft, als die Partisanen versuchten, die Stadt zurückzuerobern. Mit dem Eintreffen weiterer deutscher Truppen konnte dies verhindert, als auch begonnen werden, die Räume um Drvar zu durchkämmen. Am 6. Juni 1944 meldete der Wehrmachtbericht über die vorangegangenen Kämpfe:
„In Kroatien haben Truppen des Heeres und der Waffen-SS unter dem Oberbefehl des Generalobersten Rendulic, unterstützt durch starke Kampf- und Schlachtfliegerverbände, das Zentrum der Bandengruppen Titos überfallen und nach tagelangen schweren Kämpfen zerschlagen. Der Feind verlor nach vorläufigen Meldungen 6.240 Mann. Ausserdem wurden zahlreiche Waffen aller Art und viel Versorgungseinrichtungen erbeutet.
In diesen Kämpfen haben sich die 7. SS-Gebirgs-Division „Prinz Eugen" unter Führung des SS-Oberführers Kumm und das SS-Fallschirmjäger-Bataillon 500 unter Führung des SS-Hauptsturmführers Rybka hervorragend bewährt."

Obwohl das eigentliche Ziel des Unternehmens „Rösselsprung" mit dem Entkommen Titos und seines Stabes nicht erreicht wurde, meldeten die deutschen Zeitungen einen besonderen Erfolg. U.a. verfasste SS-Kriegsberichter Adalbert Callewart einen derartigen Propaganda-Artikel mit der Überschrift: *„Der Sprung ins Wespennest"*
„Es ist noch Nacht und dunkel, als die SS-Fallschirmjäger sich fertigmachen und die Maschinen besteigen. Sie kennen ihre Aufgabe. Es klang sehr einfach und

---

[19] Zur Biographie siehe Anlage 5
[20] Am 27. Mai 1944 brachte eine DC 3 Tito zusammen mit Angehörigen des Obersten Stabes sowie der verschiedenen Militärmissionen nach Bari. Von dort bezog Tito für mehrere Monate auf der Insel Lissa sein Hauptquartier.

schlicht aus dem Munde des Kommandeurs, SS-Hauptsturmführer Rybka, als er sagte: "Dieses Mal greifen wir das feindliche Hauptquartier an!" Mehr als zwei Stunden dauert der Anflug. Zehn Minuten vor sieben. Das Ziel nähert sich, die Ju's steuern im Tiefflug geschickt zwischen zwei hohen Bergrücken hindurch. Über den Transportflugzeugen ziehen die Stukas und die Schlachtflugzeuge in den blauen Aether. Da ist Drvar! "Fertigmachen!" ertönt das Kommando. Automatisch stehen die Männer auf.

Über dem Städtchen ist die Hölle los. Zwischen die Detonationswolken der Abwehr stürzen sich die Stukas und die Schlachtflugzeuge, die Bordwaffen rasseln, die Bomben dröhnen dumpf. Der grosse Augenblick ist gekommen. Die Signalhupe ertönt in den Ju's, das Zeichen zum Sprung – und da springen die Männer auch schon. Die Beklemmung ist gewichen. Sekunden dauert es nur, dann schweben sie alle und landen in dem Banditennest.

Die Überraschung ist vollkommen. Bevor die Banditen sich besinnen können, greifen die SS-Fallschirmjäger an. Wie sie vorwärtsstürmen, stürzen sich die Segelflugzeuge nach unten, und eine neue Kampfgruppe landet. Die SS-Männer greifen an.

Wo die Banditen sich auch festsetzen wollen – dem wilden Ansturm der SS-Fallschirmjäger sind sie nicht gewachsen. Eine Flakbatterie, Waffen aller Art, Massen an Munition, Nachschublager, Geheimbefehle, Unterlagen, Funkgeräte, viele Gefangene sind in die Hände der kühnen SS-Fallschirmjäger gefallen. Das Wespennest ist ausgebrannt.

Beim Einbruch der Abenddämmerung dringen die Banditen wieder vor. Sie nähern sich von allen Seiten. Aber die SS-Fallschirmjäger haben sich zur Verteidigung für die Nacht eingerichtet. Aus allen Richtungen pfiffen die Kugeln über die Köpfe der Fallschirmjäger, die Granatwerfer tasten die gesamte Fläche ab. In erbitterten Kämpfen wird der Angriff zurückgeschlagen.

Es ist Nacht, dunkle Nacht. Von den wüsten Bergrücken, die die Täler umringen, ist nichts mehr zu sehen. Manchmal ist alles ruhig und keine Schuss unterbricht die Stille. Plötzlich rasseln die Maschinengewehre von allen Seiten und aus allen Ecken, und die Einschläge schwerer Granaten wühlen die Stellung der Verteidiger um. Eine Meldung geht von Mann zu Mann; die Funkstelle ist vernichtet! Volltreffer! Alle Verbindungen sind abgebrochen!

Der Kommandeur, SS-Hauptsturmführer Rybka, wird schwer verwundet. Einen Augenblick herrscht Niedergeschlagenheit, dann schwören die Männer: "Nun noch härter denn je!" Wie hoffnungslos der Zustand auch erscheinen mag und was es auch kosten wird, sie halten stand. Zwischen den kämpfenden Kameraden liegen die Leichtverwundeten, die die Magazine für die Maschinenpistolen füllen und die Munitionsgurte für die Maschinengewehre klarmachen. Zwanzigmal greifen die Banditen an, und zwanzigmal werden sie zurückgeschlagen.

Im Osten dämmert der Tag herauf. Mit den ersten Sonnenstrahlen kommen die Stukas und die Schlachtflieger wieder. Ein ohrenbetäubendes Dröhnen hängt über dem Tal und widerhallt tausendmal an allen Bergrücken. Sie werfen ihre Bomben auf die

Banditen und beschiessen sie mit ihren Bordwaffen. Transportflugzeuge kommen und werfen Munition ab.
Wieder stürmen die Fallschirmjäger und jagen den Feind zurück. Als die Sonne ihren Höhepunkt erreicht hat, kommt von einem Bergkamm Kampflärm. Die ersten Entlastungstruppen sind da. Die Fallschirmjäger greifen wieder an und kämpfen den Weg frei. Der Ring ist gebrochen.
In der glühenden Sonne sinken die Fallschirmjäger ermattet nieder, und mit einem erlösten: „Wir haben's geschafft!" geben sie sich der wohlverdienten Ruhe hin."

Ein ehemaliger Angehöriger, der als Fallschirmspringer in der ersten Landewelle abgesetzt wurde erinnert sich:
„Ich war mit der Gruppe „Witzemann" bis Agram gefahren und in der Nähe des Flughafens in einer Schule untergebracht worden. Es durfte keiner die Schule verlassen und mit niemanden Verbindung aufnehmen. Keiner von uns, außer Witzemann, wusste welcher Einsatz uns bevorstand. Wir verbrachten eine Nacht in der Schule und wurden sehr früh, um ca. 4 oder 5 Uhr geweckt und die ganze Kompanie musste sich in einem Schulzimmer versammeln. Erst hier erfuhren wir durch unseren Kompaniechef welcher Einsatz geflogen wurde. Durch eine zweifarbige Brille konnten wir Luftaufnahmen von Drvar plastisch ansehen. Auf den Luftaufnahmen sahen wir Linien und eingezeichnete Punkte und jede Gruppe und jeder Zug wurde genau eingeteilt über Landepunkte, Angriffsrichtung usw. Während die Schützen-Kompanien mit dem Schirm absprangen, wurde vor allem die 4. Kompanie zum Grossteil mit Lastenseglern, sog. Sturzseglern abgesetzt. Die Luftaufnahmen waren für damalige Verhältnisse sehr gut...
Tito wurde gesondert erwähnt, er sollte unter allen Umständen entweder lebend oder tot gefangen werden. Um ihn zu erkennen wurde ein Bild von ihm in Kartenformat in seiner Marschalluniform gezeigt. Dieses Bild wurde von Hand zu Hand weitergereicht, doch plötzlich war es verschwunden. Witzemann bekam das Bild nicht mehr zurück. Wir fanden es später in Drvar bei einem Gefallenen unserer Kompanie.
Der Sturzkampfsegler war ein hervorragendes Segelflugzeug in dem 10 Mann plus dem Piloten Platz hatten. Der ganze Rumpf und die Flügel bestanden aus leichten Aluminiumrohren, bespannt mit Segeltuch und Tarnanstrich. Statt Räder war unterm Rumpf eine Art von Schlittenkufe aus breitem Holz angebracht, um die einfach ein Stacheldraht gewickelt war, um die Landefläche zu kürzen und abzubremsen. Außerdem wurde kurz vor der Landung am Schwanzende ein Bremsfallschirm ausgestossen, der den steilen Abwärtsflug stark abbremste. Die Männer sassen eng hintereinander auf einem Brett, das in der Mitte der Seglers angebracht war und mussten sich bei der Landung mit aller Kraft nach vorne abstemmen. Der Vorteil gegenüber der Schirmlandung war der, dass die ganze Gruppe geschlossen aus dem Segler heraus sofort zum Angriff übergehen konnte. Die Schirmspringer mussten sich nach der Landung erst sammeln, um wieder eine geschlossene Gruppe zu werden. Sollte der Segler bei der Landung zu Bruch gehen, so war das auch nicht

schlimm, der Pilot montierte nach der Kampfhandlung einfach das Armaturenbrett ab und liess das Flugzeug liegen.

Während der Kämpfe in Drvar kamen plötzlich zwei Nietenpanzer, italienischer Herkunft – von den Partisanen den Italienern einfach weggenommen – dahergefahren. Einige riefen nach den Flammenwerfern, doch als diese sich zur Bekämpfung bereitmachen wollten, stellte sich heraus, dass sie bei der Landung beschädigt wurden und nicht mehr zu gebrauchen waren. SS-Oberscharführer Hummel riss sich daraufhin seine Tarnkombination vom Leib, rannte auf den letzten Panzer zu, sprang auf und hielt die Kombination vor die Sehschlitze, sodass der Fahrer nichts sehen konnte. Dieser stellte jedoch den Panzer quer zur Straße und stieß einmal vor und einmal zurück gegen die Hausmauern und schüttelte so Hummel ab. Danach öffnete ein Mann der Panzerbesatzung die Luke und schoss mit der Pistole auf den am Boden liegenden. Ein Streifschuss am Kopf war das Andenken an dieses Geschehen. Die Panzer nahmen eiligst Reißaus und wir sahen sie niemals wieder.

Nach zwei Tagen harten und verlustreichen Kampfes konnte sich die Division „Prinz Eugen" zu uns durchkämpfen und uns aus einer langsam aussichtslos werdenden Lage befreien. Nach Eintreffen unserer Fahrzeuge bekam ich den Auftrag, etwa 50 – 60 gefangene Partisanen in den nächsten Ort nach Petrovac zu bringen und den dort liegenden kroatischen Einheiten, die auf deutscher Seite kämpften zu übergeben. Zuvor wurden wir einige Male von amerikanischen viermotorigen Bombern und Jabos angegriffen. Es waren jedes Mal mindestens 40 bis 50 Bomber, die ihre Last bei uns abluden...

Nach einigen Tagen kam auch das Bataillon nach Petrovac. Alle Bewegungen mussten in diesem Raum bei Nacht ausgeführt werden, weil bei Tag kaum, dass wir auf dem Marsch waren, auch schon die Jabos da waren. Ich nehme an, dass die Amerikaner durch Funk von den Partisanen über unsere Bewegungen informiert wurden."

Ein anderer ehemaliger Angehöriger landete in einem Lastensegler:

„Ich selbst kam im Frühjahr 1944 nach Absolvierung der Führerschule nach Kraljewo [zum SS-Fallschirmjäger-Bataillon] und versah als Junker verschiedene Dienste.

Einige Stunden vor dem Tito-Einsatz erfolgte für uns die Einteilung. Ich war bei der Lastenseglergruppe. Unsere Unterabteilung führte ein SS-Obersturmführer Schäfer, für dessen Ausfall ich Stellvertreter wurde. Wir sollten das Objekt „Warschau" (eine Militärmission, Anm. d. Verf.) besetzen. Die Kampfgruppe hatte drei Lastensegler mit zusammen ca. 40 Mann. Während des Anfluges, wir wurden von Henschel-Maschinen gezogen, ging der Segler mit Schäfer „verloren". Wir konnten nicht mehr feststellen – und es wurde lange danach gesucht – ob derselbe abstürzte, weil er getroffen wurde oder aus anderen Gründen verloren ging. Für mich trat dann ein, dass ich die verbliebenen zwei Lastensegler mit ca. 26 Mann (Flugzeugführer eingeschlossen) führen musste. Am Hinflug hatten wir bereits ziemlich viel

Glück, weil uns ein Schwarm Jäger, die US-Bomber begleiteten (damals wurde Ploesti häufig angegriffen) – nicht sahen.

Anhand der sehr guten Luftaufnahme konnte ich dem Flugzeugführer plausibel machen, wo wir landen sollten und er daraufhin, obwohl bereits ausgeklinkt, mit Schlaufenfliegen versuchte, näher an unser Angriffsziel heranzukommen. Dennoch landeten wir ca. fünf Kilometer entfernt, was zur Folge hatte, dass wir paar Hanseln am Ziel bereits ca. 70 Gefangene hatten! Schon beim Landen mussten wir mit Pistolen und Handgranaten uns die zuerst gaffenden und dann sich wehrenden Partisanen vom Halse halten. Die nicht fielen, ergaben sich dann, daher die hohe Zahl an Gefangenen. Das machte mir gerade den Weg zum eigentlichen Angriffsziel nicht leichter, denn immer wieder mussten wir mit den mitlaufenden Gefangenen aus Hütten neue herausholen. Bei etwas mehr Courage hätten die uns so in Gefechte verwickeln können, dass wir kaum unser Ziel erreichen hätten können! Nach der Landung, so um ca. 11 Uhr herum, erreichten wir erst gegen 13 Uhr Drvar. Wir besetzten eine meteorologische Station, die von Amis besetzt war und hielten diese Hütten bis Einbruch der Dunkelheit. Dann setzten wir uns auf den Friedhof (Igelstellung) ab. Vor dem Friedhof hatte sich unser Granatwerferhaufen aufgebaut, der die nachfolgenden Partisanen ganz ordentlich bepflasterte...

Ich baute ein MG vor der Granatwerfer-Stellung auf und hielt längere Zeit die nachstoßenden Partisanen auf gehörige Distanz bis dann ein MG-Schütze durch Granatwerfer-Volltreffer ausfiel – ich bekam einen Splitter ins Genick ab. Daraufhin zogen wir uns als Letzte in den Friedhof zurück. Die Nacht war von der Leuchtspurmunition erleuchtet. Es lagen frühmorgens unzählige tote Partisanen herum, deren Leichen noch Tage später fürchterlich stanken, weil wir sie nicht gleich in den Geländewellen fanden.

In den Tagen nach dem 26. Mai 1944 hatten wir allerhand „Kämpfe" mit Kleiderläusen zu bestehen! Denn wir mussten uns nachts mit erbeuteten Decken zudecken und diese waren total verlaust."

Ein Blick zwischen Ju-52 und DFS 230

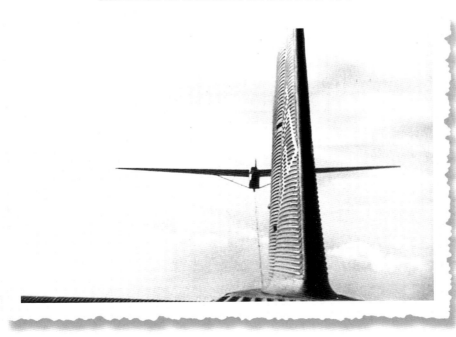

DFS 230 im Schlepp von Hs 126

Absetzen der SS-Fallschirmjäger aus den Ju-52

Absetzen der ersten Welle der SS-Fallschirmjäger über Drvar.

Absetzen der SS-Fallschirmjäger

Landen der SS-Fallschirmjäger und DFS 230

Landung eines DFS 230

Funktrupp und DFS 230 am Friedhof von Drvar.

Während es in Drvar zu heftigen Gefechten kam,

wurden mittels Abwurfbehältern Munition und Verbandsmaterial nachgeführt.

Die in den Bergen westwärts Drvar gelegene Höhle Titos

Nach dem Kampf...

Auffrischung in Laibach

Am 11. Juni 1944 marschierten die verbliebenen ca. 200 SS-Fallschirmjäger aus dem Unternehmen „Rösselsprung" zur Auffrischung nach Laibach. Die meisten der rund 650 Mann Verluste befanden sich in Lazaretten. Die Feldausbildungs-Kompanie unter SS-Obersturmführer Leifheit verlegte gleichzeitig mit der Fallschirmspringer-Schule III nach Papá/Ungarn. Ein ehemaliger Angehöriger erinnert sich an den Marsch nach Laibach:

„Bei der Verlegung von Petrovac bis Bihac hatten alle Kompanien höchste Alarmbereitschaft, weil bis dahin Partisanengebiet war. Als das Bataillon auf einer Anhöhe, kurz vor Bihacs den ersten Halt einlegte und wir bereits die Lichter von Bihac sahen, glaubten wir, dass wir gut durch das Partisanengebiet gekommen wären. Die kurze Rast, bei der wir uns ein wenig die Beine vertreten konnten, dauerte ca. 15 – 20 Minuten. Nach dieser kurzen Pause kam der Befehl zum Aufsitzen und Anfahren. Und in dem Moment ging der Feuerzauber los. Wir bekamen zuerst von rechts und dann auch von links der Strasse Feuer. Nachdem aber das gesamte Bataillon noch voll gefechtsbereit war, wurde aus allen Infanteriewaffen das Feuer erwidert, und gleichzeitig die Fahrt weiter fortgesetzt. Ausser einigen Leichtverwundeten hatten wir keine Ausfälle. Der mot.-Marsch wurde fortgesetzt und etwa Mitte Juni trafen wir in Laibach ein."

Hier folgten auch die nicht im Einsatz beim Unternehmen „Rösselsprung" gestandenen Teile des SS-Fallschirmjäger-Bataillons sowie später dazugekommene Freiwillige und B-Schützen, die zunächst noch in der nach Papá/Ungarn verlegten Fallschirmspringerschule III ihre Sprungausbildung erhalten hatten. Da die Disziplin bei Bewährungsschützen schwerer aufrecht zu erhalten war, als bei kriegsgerichtlich nicht auffällig gewordenen Soldaten, wurden davon abgesehen, dem Bataillon weitere Straffällige aus dem Strafvollzugslager der Waffen-SS und Polizei zuzuweisen. So sank der Prozentsatz, den diese Personengruppe ausmachte, schnell von anfänglich ca. 70 % auf rund 30 %.

Um in Sachen des Einsatzes und der Bewährungsmöglichkeit von straffällig gewordenen Angehörigen der Waffen-SS und Polizei eine einheitliche Regelung herbeizuführen, teilte am 6. Juni 1944 der SS-Richter beim Reichsführer-SS dem Hauptamt SS-Gericht mit, dass zum:
    SS-Fallschirmjäger-Bataillon 500
        Verurteilte der Waffen-SS und Polizei kommen sollten, die zu
        einer Gefängnisstrafe verurteilt worden waren.
    Sonderverband z. b. V. Friedenthal (Einheit Skorzeny[21])
        Verurteilte in Frage kamen, die eine besondere Eignung besaßen
        und noch als zuverlässig angesehen wurden.

---

[21] Zur Biographie siehe Anlage 5

SS-Sonderregiment „Dirlewanger"
alle schweren Fälle und Männer, die nicht zum Fallschirmjäger tauglich waren, kamen.[22]

SS-Hauptsturmführer Siegfried Milius[23] übernahm am 20. Juni 1944 das Bataillon:
„Was ich in Laibach vorfand, war ein führungsloser Haufen, der mir übergeben war. Ausser ein paar Führern, Unterführern und Mannschaften trug die Masse als Bewährungseinheit keine Dienstgrade. Meine erste Aufgabe sah ich also darin, hier Abhilfe zu schaffen und überhaupt eine militärische Führung herzustellen... "

Am 29. Juni 1944 wurde das SS-Fallschirmjäger-Bataillon in einer Stärke von 292 Mann (15 Führer, 81 Unterführer und 196 Mannschaften) nach Gotenhafen/Westpreussen kommandiert.[24] Sie sollten bei einem Unternehmen gegen die Alands-Inseln zur Sperrung des Bottnischen Meerbusens im Hinblick auf den zu erwartenden Abfall Finnlands verwendet werden. Von dort verlegt die Einheit nach Rakvere (Wesenberg) in Estland und stand kurzzeitig unter dem III. (germanischen) SS-Panzer-Korps – zu Einsätzen kam es jedoch nicht. Ein ehemaliger Angehöriger erinnert sich:

„Anfang Juli 1944 wurden die Einheiten auf Züge verladen und per Bahn ging es quer durchs Reich nach Gotenhafen an die Ostsee. Ich weiss noch, dass wir dann per Eisenbahntransport von Gotenhafen nach Estland gebracht wurden, dort aber nur einige Tage blieben und im Eiltransport wieder nach Litauen zurückfuhren. Hier war der Russe mit starken Kräften bei Wilna und Kauen durchgebrochen und gefährdete bereits die Reichsgrenze in Ostpreussen. "

---

[22] Vgl. hierzu: Michaelis, Rolf: Die SS-Sturmbrigade „Dirlewanger", Berlin, 2003
[23] Zur Biographie siehe Anlage 5
[24] Die Einheit war inzwischen wieder durch rund 100 Mann – meist Genesenden aus den Lazaratten – verstärkt worden.

Einsatz in Litauen

Am 22. Juni 1944 eröffnete die Rote Armee mit über zwei Millionen Soldaten, 31.000 Geschützen, 5.200 Panzern und 6.000 Flugzeugen ihre Sommeroffensive „Bagratian" gegen die Front der Heeresgruppe „Mitte" (3. Panzer-, 4., 2. und 9. Armee). Die sowjetische 43. Armee und die 6. Garde-Armee griffen dabei nordwestlich Witebsk das deutsche IX. Armee-Korps (General der Artillerie Wuthmann[25]) an und konnten am 10. Juli 1944 eine 25 km breite Lücke zwischen der 3. Panzer-Armee (Heeresgruppe „Mitte") und dem II. Armee-Korps (Generalleutnant Hasse) der 16. Armee (Heeresgruppe „Nord") reissen. Da die 3. Panzer-Armee nicht in der Lage war, diese Bresche zu schliessen, bildete die 16. Armee die Nahtgruppe „Kleffel", der neben der 225. Infanterie-Division u. a. auch die SS-Panzer-Aufklärungs-Abteilung 11 angehörte.[26] Allerdings gelang es auch diesen Kräften nicht, den Anschluss an die Heeresgruppe „Mitte" wiederherzustellen; die Einschließung der Heeresgruppe „Nord" zeichnete sich ab.

Die Empfehlung des Oberbefehlshaber der 3. Panzer-Armee, Generaloberst Reinhardt, die Truppen hinter die Beresina zurückzunehmen, gestattete Hitler nicht. So entstand der Interessenkonflikt der Frontgenerale, die Verbindung zwischen der Heeresgruppen „Nord" und „Mitte" wiederherzustellen und andererseits, die deutschen Truppen durch Raumaufgabe vor der Vernichtung zu retten. Hitlers Hoffnung, durch sture Haltebefehl – die in Demjansk und Cholm erfolgreich gewesen waren – die Front zu stabilisieren, ließ nicht nur die Front der 3. Panzer-Armee sondern der gesamten Heeresgruppe „Mitte" binnen weniger Tage zerbrechen.

Einen solchen „Wellenbrecher" sollte auch die im Bereich der 3. Panzer-Armee liegende litauische Hauptstadt Wilna werden. Von Hitler zum „Festen Platz" ernannt sollte hier der sowjetische Vormarsch nach Ostpreußen aufgehalten werden. Generalmajor Stahel[27] wurde am 7. Juli 1944 zum Festungskommandanten ernannt und übernahm den Befehl über:

    Grenadier-Regiment 399
    Grenadier-Regiment 1067
    SS-Polizei-Regiment 16
    Teile des Fallschirmjäger-Regiments 16
    II. /Artillerie-Regiment 240
    Panzerjäger-Abteilung 256
    Flak-Abteilung 296

---

[25] Zur Biographie siehe Anlage 5
[26] siehe: Michaelis, Rolf: Die 11. SS-Freiwilligen-Panzer-Grenadier-Division „Nordland", Berlin 2004
[27] Zur Biographie siehe Anlage 5

Bereits am nächsten Tag kam es zu heftigen Kämpfen am Stadtrand und am 9. Juli 1944 wurde Wilna – das auch noch als Sammelpunkt für die, sich noch aus dem Osten zurückkämpfenden, deutschen Truppen fungieren sollte – von der Roten Armee eingeschlossen. Überraschend schnell genehmigte Hitler am 11. Juli 1944 den Ausbruch der Festungsbesatzung (inkl. der rund 5.000 Verwundeten – sic) nach Westen. Aus dem Raum ostwärts Kauen sollte eine gepanzerte Gruppe den Truppen entgegenstossen.

Hierzu erhielt auch das – seit 7. Juli 1944 im Raum nördlich Wesenberg/Estland liegende – SS-Fallschirmjäger-Bataillon 500 seinen Einsatzbefehl und wurde am 10. Juli 1944 im Lufttransport nach Kauen verlegt. Hier bildete die 3. Panzer-Armee gerade im Rahmen des XXVI. Armee-Korps die Angriffsgruppe „Kauen", die die Verbindung zwischen dem Festen Platz Wilna und dem Südflügel des IX. Armee-Korps herstellen sollte. Die Angriffsgruppe bestand aus Teilen:
Generalkommando XXVI. Armee-Korps
Kampfgruppe/6. Panzer-Division
69. Infanterie-Division
93. Infanterie-Division
Fallschirmjäger-Regiment 16
SS-Fallschirmjäger-Bataillon 500

Am 13. Juli 1944 trat die Gruppe „Kauen" zum Entsatz der Gruppe „Stahel" in Richtung Landwarow an. Das SS-Fallschirmjäger-Bataillon 500 sollte dabei - der Kampfgruppe/6. Panzer-Division unterstellt - die infanteristische Sicherung der I./Panzer-Regiment „Großdeutschland" übernehmen. Rund 300 Leerfahrzeuge wurden von der Angriffsgruppe zur Evakuierung der Verwundeten mitgeführt.

Der Durchbruch durch die feindlichen Stellungen gelang und zumindest rund 2.000 Soldaten des Festen Platzes „Wilna" konnten von den deutschen Entsatzkräften bei Vievis aufgenommen werden. Während des Rückmarsches zu den deutschen Linien kam es bei Zyzmory nochmals zu heftigen Kämpfen. Das Kriegstagebuch des Pz. AOK 3 meldete zu dem Entsatz der eingeschlossenen Truppen:
„Zu ihrer Befreiung stießen am Morgen aus dem Raum ostwärts Kauen Teile der 6. Panzer-Division, Panther-Abteilung "GD", SS-Fallschirmjäger-Bataillon 500 und 2 Kompanien Fallschirmjäger-Regiment 16 für den Feind völlig überraschend nach Südosten vor. Nach hartem Kampf gegen Feind mit eingebauten Pak und Panzern beiderseits der Enge von Jewie stellte die Kampfgruppe mit den vordersten Panzern die vom Oberbefehlshaber persönlich geführt wurden, gegen 13.30 Uhr die Verbindung mit der Gruppe „Tolsdorf" her."

Nachdem sowjetische Verbände bei Darsuniskis über den Njemen gesetzt hatten, wurde das SS-Fallschirmjäger-Bataillon im Rahmen der Kampfgruppe/6. Panzer-Division sofort nach Süden verlegt. Hier kam es – der Korpsgruppe „von Rothkirch"

unterstellt – ab 15. Juli 1944 zu heftigen Kämpfen. Das Kriegstagebuch der 3. Panzer-Armee vermerkte am 19. Juli 1944:
„*SS-Fallschirmjäger-Bataillon 500 hat die höchsten Verluste, Gefechtsstärke zur Zeit 220 Mann.*"

und am 22. Juli 1944:
„*Der Gegenangriff des SS-Fallschirmjäger-Bataillons 500 zur Bereinigung eines Feindeinbruches in mindestens Regimentsstärke bei Piliuona dringt in harten und verlustreichen Kämpfen nur schrittweise vor und muss am Abend infolge sehr starken feindlichen Artilleriefeuers vom Ostufer der Memel eingestellt werden, obwohl es gelungen war, zwei Bataillone des Feindes über den Fluß zurückzuwerfen.*"

Das SS-Fallschirmjäger-Bataillon 500 war mit einer Stärke von etwa 290 Mann nach Litauen verlegt worden und hatte bei dem Entsatz von Wilna nur rund 30 Mann Verluste gehabt. In den schweren Kämpfen im Raum Darsuniskis – Piliuona verlor es in wenigen Tagen jedoch etwa 190 Mann.[28] Der Oberbefehlshaber der 3. Panzer-Armee, Generaloberst Reinhardt, meldete diesbezüglich am 26. Juli 1944 an das SS-Führungshauptamt:
„Das Bataillon hat sich sehr gut geschlagen. Um den wertvollen Stamm zu erhalten und im Hinblick auf die noch bevorstehenden schweren Kämpfe bitte ich dringend um Zuführung von 250 – 300 Mann Ersatz, möglichst auf dem Luftwege nach Kauen."

Als es dem Gegner am 29. Juli 1944 gelang, rechts und links des „Bataillonsabschnittes" in die HKL einzubrechen, wurden die verbliebenen SS-Fallschirmjäger eingeschlossen. Unter Führung ihres Kommandeurs, SS-Hauptsturmführer Milius, konnten sie zu den eigenen Linien durchstossen und wieder in die Abwehrfront eingereiht werden. Am 1. August 1944 wurden die Bataillonreste (ca. 70 Mann) zusammen mit den Resten des Pionier-Bataillons 505, des Pionier-Bataillons 743 sowie der I. /Fallschirm-Regiment 21 zur Auffrischung nach Sakiai verlegt.[29] Hier trafen zumindest rund 100 Mann Ersatz ein.

Als es der Roten Armee am 9. August 1944 gelang, beim nördlich kämpfenden IX. Armee-Korps zwischen 212. und 252. Infanterie-Division in Richtung Memel durchzustossen und in Raseinen einzudringen, erhielt das – praktisch nur kompaniestarke – SS-Fallschirmjäger-Bataillon 500 den sofortigen Einsatzbefehl. Über Jurbarkas – Erzilkas – Paupys – Vidukle erreichten die Männer den Raum der 252. Infanterie-Division und griffen in der Nacht zum 10. August 1944 in die schweren Häuserkämpfe ein. Der Wehrmachtbericht meldete am nächstenTag:
„Nördlich der Memel setzten die Sowjets ihre Angriffe infolge der an den vor Tagen erlittenen Verluste nicht fort. In der sechstägigen Schlacht von Raseinen haben unsere Truppen damit einen vollen Abwehrerfolg errungen. Die Sowjets hatten hohe Verluste und verloren in der Zeit vom 4. bis 9. August den Panzerbestand von zwei Panzerkorps."

Gemeinsam mit den Heereseinheiten konnten die SS-Fallschirmjäger den Feind bis zum 14. August 1944 aus der Stadt drücken und die beherrschende Höhe 126,5 einnehmen. Der Wehrmachtbericht lautete dazu am nächsten Tag:
„In Litauen warfen unsere Grenadiere, unterstützt von Panzern und Sturmgeschützen bei Raseinen die Bolschewisten aus einer Einbruchsstelle der letzten Tage. 63 feindliche Panzer und 18 Geschütze wurden vernichtet."

---

[28] Die Verluste betrugen vom 11. bis 25. Juli 1944 einen Führer, sechs Unterführer und 211 Mannschaften
[29] Damit endete auch bisherige Unterstellung unter die 6. Panzer-Division.

und ergänzend dazu wurde gemeldet:
„In den Kämpfen im Raum von Raseinen haben sich die unter Führung des Generals der Artillerie Wuthmann stehenden Truppen in Angriff und Abwehr erneut hervorragend bewährt. Die Verbände des IX. Armee-Korps hatten sich bereits in den schweren Abwehrkämpfen seit dem 22. Juni durch ungewöhnliche Ausdauer und besondere Tapferkeit hervorgetan. Die Erfolge von Führung und Truppe wurden gekrönt durch die sechstägige Schlacht von Raseinen, in der unter Aufbietung aller greifbaren Kräfte zwei aufgefüllte, modern ausgestattete feindliche Gard-Panzer-Korps und mindestens ein Schützen-Korps unter Vernichtung von 365 Feindpanzern zerschlagen wurde. Durch den heldenhaften Widerstand der Truppen dieses Korps wurde unter entscheidender Beteiligung der 7. Panzer-Division unter Generalmajor Mauss der angestrebte Druchbruch in den Raum nördlich Tilsit verhindert und die Voraussetzung für eine weitere erfolgreiche Verteidigung der ostpreußischen Grenze geschaffen."

Am 16. August 1944 verlegten die SS-Angehörigen in den Raum südlich Raseinen und bezogen Stellungen bei Sukuriskiai. Hier folgte am 17. August 1944 die Unterstellung unter die 212. Infanterie-Division. Zwei Tage später wurde das „SS-Bataillon" (Stärke: 157 Mann – Gefechtsstärke: 90 Mann) jedoch wieder aus der Unterstellung herausgelöst und erneut als Heeresgruppenreserve in den Raum Sakiai (Schaulen) befohlen.

Ende August 1944 beabsichtigte das SS-Führungshauptamt das kompaniestarke SS-Fallschirmjäger-Bataillon 500 dem vor Warschau ringenden IV. SS-Panzer-Korps zuzuführen. Dieses hatte bereits in der 1. Abwehrschlacht (10. – 30. August 1944) teilweise gegen zwei sowjetische Armeen gekämpft. Am 31. August 1944 begann die 2. Abwehrschlacht, die schließlich bis 22. September 1944 dauerte. Das IV. SS-Panzer-Korps verlor in diesen Kämpfen über 3.500 Mann!

Das Oberkommando der Heeresgruppe „Mitte" schrieb diesbezüglich an das SS-Führungshauptamt am 7. September 1944:
„SS-Fallschirmjäger-Bataillon 500 wurde aus der Front herausgelöst und im Raum Sakiai als Heeresgruppenreserve versammelt.
Zur Zeit ist eine Verlegung aus dem gegenwärtigen Versammlungsraum im Hinblick auf die Möglichkeit feindlicher Großangriffe nicht durchführbar. Die spätere Verlegung zu IV. SS-Panzer-Korps ist beabsichtigt. Termin wird zeitgerecht mitgeteilt.
Angesichts der Entwicklung der Lage wird gebeten, von dem Antrag auf Verlegung des Bataillons ausserhalb des Heeresgruppenbereiches Abstand zu nehmen."

Am 15. September 1944 teilte das AOK 4 dem I a des XXVII. Armee-Korps mit, dass das SS-Fallschirmjäger-Bataillon 500 kurzfristig dem LV. Armee-Korps im Eisenbahntransport nach Fischborn (Ostpreussen) zuzuführen sei. Hier folgte bis 26. September 1944 die Auffrischung (u. a. Genesende aus Lazaretten) und Umgliede-

Major Witzig vom Fallschirmjäger-Regiment 16 der Luftwaffe

8,14 cm Granatwerfer der 4. (schweren) Kompanie.

SS-Hauptsturmführer Milius

Ein Panzer IV der
I. /Pz. Rgt. "Großdeutschland"
bringt verwundete
SS-Fallschirmjäger zum
Hauptverbandsplatz.

Seit 10. Juli 1944 waren die SS-Fallschirmjäger in Litauen eingesetzt.

sMG-Trupp geht in Litauen in Stellung.

rung. Die 1. Kompanie wurde aufgelöst und auf die restlichen Kompanien aufgeteilt. Als neue 1. Kompanie sollte die SS-Fallschirmjäger-Feldausbildungskompanie herangezogen werden. Das Bataillon bestand nunmehr also zunächst noch aus der 2., 3. und 4. Kompanie mit einer Gesamtstärke von 251 Mann (Gefechtsstärke: 201 Mann – Kampfsstärke: 155 Mann). Neben den leichten Infanteriewaffen besass das Bataillon 15 leichte Maschinengewehre und einen mittleren Granatwerfer (8,14 cm).

Am 27. September 1944 erhielt das SS-Fallschirmjäger-Bataillon 500 den Befehl sofort nach Zichenau/Ostpreußen zu verlegen. Von dort folgte bereits am nächsten Tag der Lufttransport über Brünn nach Wien. Die Ereignisse begannen sich im Sommer 1944 nicht nur an der Front, sondern auch politisch – in diesem Fall, bei dem ungarischen Verbündeten, zu überschlagen.

Unternehmen „Panzerfaust" – die Besetzung Budapests

Nach den Spannungen des Frühjahres 1944, als der ungarische Reichsverweser – um eine Besetzung Ungarns zu verhindern – auf Druck Hitlers eine neue Regierung einsetzte, kam es im Laufe des Sommers 1944 zu weiteren Diskrepanzen. Hauptgrund war die berechtigte deutsche Vermutung, von Horthy wolle aus dem Krieg an deutscher Seite austreten. Obwohl er dies stets dementierte, blieben die Fühlungsnahmen mit den Alliierten nicht verborgen. Erste alliierte Luftangriffe gegen Budapest verängstigten die Bevölkerung und die negative Lageentwicklung an allen Fronten verstärkte die ohnehin seit langem schwelende Kriegsmüdigkeit. Auch wenn die ungarische Wehrmacht bei weitem nicht die Moral und Kampfkraft der deutschen Truppen besaß, kam für die ungarische Militärführung eine – von Horthy angestrebte – Kapitulation vor der Roten Armee nicht in Betracht! Führung, Militär und Volk bildeten so in den verschiedensten Bereichen keine homogene Einheit.

Der Umschwung in Rumänien am 23. August 1944 ließ Hitler befürchten, gleiches könnte nun auch in Ungarn passieren. Um schnell reagieren zu können, wurden Teile der 22. SS-Freiwilligen-Kavallerie-Division in die Nähe von Budapest verlegt und dem hier eintreffenden III. Panzer-Korps unterstellt.

Ende August 1944 entließ von Horthy von Sztójay aus gesundheitlichen Gründen und setzte Generaloberst Lakatos als neuen Ministerpräsidenten ein. Nach Gesprächen am 11. September 1944 im ungarischen Kabinett über einen möglichen Kriegsaustritt Ungarns lehnten die Mitglieder jedoch ab und boten dem Reichsverweser sogar noch die Demission an. Dieser lehnte dies nicht nur ab, sondern ließ über seinen Sohn die Kontakte zu den Alliierten forcieren. Die rechtsgerichteten Politiker in Ungarn planten ihrerseits – mit deutscher Hilfe – die Machtübernahme.

Mitte Oktober eskalierte die Lage, der SD verhaftete den Sohn des Reichsverwesers – Nikolaus von Horthy – auf Grund dessen Agieren mit den Feinden und nicht zuletzt auch um ein gewisses Druckmittel gegen den Reichsverweser zu haben. Dieser gab um 13 Uhr dieses 15. Oktobers 1944 im Radio bekannt, daß er nie imperialistische Ziele verfolgt hätte und Ungarn durch Deutschland in diesen Krieg gezwungen worden wäre. Von Horthy forderte die Armee zum Niederlegen der Waffen auf und bat um Waffenstillstand mit den Alliierten! Von Horthy war offensichtlich psychisch stark angeschlagen, denn nach einem Gespräch mit dem Deutschen Botschafter Rahn, räumte er ein, eine grosse politische Dummheit gemacht zu haben. Bereits kurz nach 14 Uhr folgte ein Dementi im Radio, was allerdings nicht zur Entspannung der Situation beitrug.

Am Abend lief die bereits geplante Aktion der Rechtsopposition mit Unterstützung des Höheren SS- und Polizeiführers an. Zur Verfügung sollten hierbei Teile der 22. SS-Freiwilligen-Kavallerie-Division sowie die schwere Panzer-Abteilung 305 stehen.

Die Regierung und der Reichsverweser traten zurück und eine neue nationalgesinnte Regierung unter Szálasi übernahm - in sehr enger Fühlung mit Deutschland – die Regierungsgeschäfte.

SS-Sturmbannführer Skorzeny war diesbezüglich Mitte September 1944 von Hitler mit einem neuen Sonderauftrag bedacht worden.[30] Nachdem die deutschfeindliche Haltung Admirals von Horthy offenkundig war, sollte Skorzeny den ungarischen Regierungssitz – die Budapester Burg – besetzen und die Regierung festnehmen.

Hierzu wurden ihm neben dem SS-Fallschirmjäger-Bataillon 500 ein Fallschirmjäger-Bataillon der Luftwaffe, ein motorisiertes Infanterie-Bataillon der Offizierskriegsschule Wiener-Neustadt sowie die schwere Panzer-Abteilung 305 und eine Goliath-Kompanie zur Verfügung gestellt. Skorzeny selbst beorderte die 1./SS-Jäger-Bataillon 502 aus Friedenthal bei Oranienburg nach Wien. Aufgrund der Tatsache, dass für eine Luftlandung nur das grosse Exerzierfeld in Budapest in Frage kam, das jedoch bei feindlicher Haltung der ungarischen Truppen, strategisch eine grosses Risiko bot, verzichtete Skorzeny in seinen Planungen auf einen Fallschirmabsprung der beiden Fallschirmjäger-Bataillone.

Anfang Oktober 1944 erreichten die SS-Fallschirmjäger aus ihren bisherigen Unterkünften in Deutsch-Wagram den Raum der ungarischen Hauptstadt. Dort führte Skorzeny am 15. Oktober 1944 mit der 1./SS-Jäger-Bataillon 502 die Festnahme des Sohnes von Admiral Horthy durch.

---

[30] Skorzeny war bereits im September 1943 bekannt geworden, nachdem er Mussolini auf dem Gran Sasso befreite.

Am nächsten Morgen lief das Unternehmen „Panzerfaust" an. Während die 22. SS-Freiwilligen-Kavallerie-Division einen äußeren Sperrgürtel um die Burg legte und Bahnhöfe und weitere wichtige Einrichtungen besetzte, sollte das Bataillon der Kriegsschule Wien über die Gärten am Südhang des Burgberges vorstoßen. Teile der Kompanie des SS-Jäger-Bataillons 502 hatten zusammen mit einigen Panzern von Westen her auf die Burg vorzugehen. Im Gegensatz zum Fallschirmjäger-Bataillon der Luftwaffe, das SS-Sturmbannführer Skorzeny als Reserve verwendete, fielen den Männern des SS-Fallschirmjäger-Bataillons 500 die Hauptaufgaben zu. Rund 30 Mann hatten – vom Kettenbrückentunnel aus – in die Gänge unter die Burg und von unten in das Kriegsministerium und das Innenministerium einzudringen. Rund 120 Mann sollten zusammen mit den Resten der Kompanie des SS-Jäger-Bataillons 502 sowie zwei Zügen Panther und der Goliath-Kompanie in einem überraschendes Stoß über die Wiener Straße und dem Wiener Tor auf den Platz vor die Burg stossen und das vermeintliche Zentrum des Widerstandes besetzen.

In der Morgendämmerung um 6 Uhr gab SS-Sturmbannführer Skorzeny den Befehl zum Beginn der Aktion. Ohne Waffengewalt beabsichtigte er über die Wiener Straße zur Burg zu fahren – hierzu saß er im ersten Fahrzeug - einem Kübelwagen. Es folgten vier Panzer V, die Goliathkompanie sowie die auf Lkw aufgesessenen etwa insgesamt 250 SS-Fallschirmjäger und SS-Jäger. Ohne Kampf erreichten die Kolonne die Burg, deren Burgtor durch eine Steinbarrikade versperrt war. Ein Panther brachte das Hindernis zum Einsturz und fuhr in den Hof der Burg. Während SS-Sturmbannführer Skorzeny bereits um 6.30 Uhr den ungarischen Kommandanten der Burg zur Übergabe aufforderte, kam es auf dem Burgberg – u. a. beim Kriegsministerium – zu kleineren Gefechten, bei denen insgesamt vier deutsche und drei ungarische Soldaten fielen.

In Ungarn wurde bereits am nächsten Tag eine neue Regierung unter Szálasi eingesetzt. Die SS-Fallschirmjäger wurden noch zur Sicherung wichtiger Stellen in Budapest verwendet und dann nach Neustrelitz zur Auffrischung verlegt.

Unter dem Kommando von SS-Hauptsturmführer Milius nahm das SS-Fallschirmjäger-Bataillon am 16. Oktober 1944 am Unternehmen "Panzerfaust" teil.

Budapest

Aufstellung des SS-Fallschirmjäger-Bataillons 600

In Neustrelitz konnten endlich zahlreiche administrative Dinge vorgenommen werden, für die man durch die steten Einsätze keine Zeit gehabt hatte. Hierbei nahm die Rehabilitierung der Bewährungsschützen einen besonderen Punkt ein. Nicht zuletzt auf Grund der Tatsache, dass Himmler dieser bewährten Einheit aus persönlicher Eitelkeit weiterhin nicht das Manko einer Bewährungsformation anheften wollte, wurde das Bataillon von 500 auf **600** umbenannt. Mit Wirkung zum 1. Oktober 1944 war das SS-Fallschirmjäger-Bataillon keine Bewährungseinheit mehr.

Die geringe Stärke des Bataillons von nur rund 250 Mann, sollte durch Werbung in Ausbildungs- und Ersatzeinheiten des Heeres in Niedersachsen und Westfalen auf Soll-Stärke (rund 1.000 Mann) gebracht werden. Hierbei war der Wunsch ausschlaggebend, die bestehenden Formationen der Waffen-SS durch Abkommandierungen nicht zu belasten, sondern im Gegenteil der Waffen-SS neue „Freiwillige" zuzuführen. Außerdem wurde die SS-Fallschirmjäger-Ausbildungs-Kompanie (Stärke: ca. 200 Mann) aus Iglau nach Neustrelitz verlegt und dort als neue 1. Kompanie in das Bataillon integriert. Der ehemalige Bataillonskommandeur SS-Hauptsturmführer Milius erinnerte sich:

„Es muss gesagt werden, dass die Kompanien schon arg zerzaust aussahen, aber die kampferprobten Soldaten waren keineswegs deprimiert, oder weniger einsatzfreudig. Nach erfolgreichem Budapest-Einsatz kamen wir endlich zur Ruhe und Auffrischung nach Neustrelitz in eine richtige Kaserne. Es gab weitmöglichst Urlaub, und ich konnte mit Hilfe von Skorzeny über den Reichsführer das Erreichen, was seit langem versäumt worden war.

In der Einheit waren Männer, die sich durch den Kampfeinsatz längst mehrfach bewährt hatten. Nur hatte man versäumt, den Versprechungen auch die Tat, nämlich die Rehabilitierung, einen Dienstgrad, d. h. die volle Integration folgen zu lassen. Nach kurzer Zeit schon hießen wir SS-Fallschirmjäger-Bataillon 600. Mit grosser Freude erhielten Männer, wie z. B. der Kompaniefführer Schmiedel, den Dienstgrad SS-Obersturmführer. Aber auch bei Unterführern und Mannschaften tat sich was. Der mir zugeteilte Jurist, SS-Hauptsturmführer Dr. Leschinger, tat das, was an Formalitäten zu erledigen war, zwar vorbildlich, wenngleich mir alles nicht schnell genug und ohne grosse Juristerei ging. Wir haben manchen Strauss deswegen miteinander ausgefochten. Aber wir hatten Erfolg!

Darüberhinaus erhielt ich von Skorzeny eine andere wertvolle Zusage, die uns bei der Auffrischung ausserordentlich half. SS-Obersturmführer Scheu erhielt den Auftrag (und wurde mit entsprechenden Vollmachten ausgestattet) in Wehrmacht-Ersatz-Bataillonen, Genesenden-Kompanien usw. Freiwillige zu werben. Diese Aufgabe hat er mit vollem Erfolg gelöst, sodass wir zum Einsatz an der Oder ein voll kampfkräftiges, kampferprobtes Bataillon einsetzen konnten. Die Männer der Wehrmacht haben sich schnell bei uns eingelebt und kämpften später hervorragend, wie unsere alten SS-Männer.

Das Bataillon wurde durch meine häufigen Besuche und Vorstellungen in Friedentahl (Skorzenys Standort), waffenmässig mit den neuesten Sturmgewehren, MG, Panzerabwehrwaffen, Sprengmitteln ausgerüstet. Der Fahrzeugpark wurde hervorragend instandgesetzt."

Mit Wirkung vom 10. November 1944 wurde das SS-Fallschirmjäger-Bataillon 600 mit einer Stärke von 17 Führer, 113 Unterführer und 555 Mannschaften (Gesamt: 685 Mann) in die SS-Jagdverbände[31] übernommen. Hiermit ergab sich eine einsatzmässige Unterstellung unter das Reichssicherheitshauptamt! Truppendienstlich blieb es dem SS-Führungshauptamt unterstellt. SS-Obersturmbannführer Skorzeny verfügte somit in seinen SS-Jagdverbänden über:

SS-Fallschirmjäger-Bataillon 600
SS-Jagdverband „Nordwest"
SS-Jagdverband „Südwest"
SS-Jagdverband „Südost"
SS-Jagdverband „Ost"
SS-Jagdverband „Mitte" (aus SS-Jäger-Bataillon 502)

Unternehmen „Greif" – der Einsatz bei der Ardennenoffensive

Bereits Ende August 1944 gab Hitler seinen Generälen bekannt, er wolle in den nächsten Wochen an der Westfront eine Grossoffensive starten, die den Alliierten ein zweites Dünkirchen bereiten sollte. Die Pläne konkretisierten sich im September 1944, als die Westalliierten bereits in Nijmegen und Arnheim kämpften. Hitler beabsichtigte, die relativ schwachbesetzte alliierte Front in der Eifel zu durchstossen, Antwerpen zu besetzen und schließlich die nördlich davon – ca. 20 feindlichen Divisionen – zu zerschlagen. Der Angriffszeitpunkt wurde auf den Spätherbst 1944 gelegt, da das mutmaßliche diesige Wetter die immense gegnerische Luftüberlegenheit relativieren sollte. Hierzu wurden der Heeresgruppe „B" (Generalfeldmarschall Model) – unbemerkt der alliierten Aufklärung und Entblössung der übrigen Fronten – zwei Panzer-Armeen zugeführt. Rund 200.000 Soldaten mit 600 Panzern und Sturmgeschützen sollten die etwa 200 km bis nach Antwerpen durchstossen – ein grotesker Plan, wenn man berücksichtigt, dass kaum Sprit und Luftwaffenunterstützung vorhanden war und der Angriff durch schweres, bergiges Gelände geführt werden sollte!

---

[31] 1943 wurde der SS-Sonderverband z. b. V. „Friedenthal" aufgestellt, der ähnliche Kommandounternehmen wie die Division „Brandenburg" durchführen sollte. Anfang 1944 entstand hieraus das SS-Jäger-Bataillon 502. Im Herbst 1944 übernahm SS-Obersturmbannführer Skorzeny die Aufgaben der Division „Brandenburg", wozu ihm zahlreiche Einheiten der Division unterstellt wurden. Unter dem Stab der sog. SS-Jagdverbände agierten schließlich zahlreiche SS-Jagdkommandos auf verschiedenen Kriegsschauplätzen – meist hinter der Front.

Bereitstellung zur Ardennenoffensive

© Michaelis-Verlag Berlin, September 2004

Am 10. November 1944 folgte der Befehl für den Aufmarsch. Demnach sollte die 6. Panzer-Armee (SS-Oberstgruppenführer und Generaloberst der Waffen-SS Dietrich) mit schnellen Panzerverbänden – ohne Rücksicht auf ihre Nordflanke – nördlich der Schnee-Eifel die feindliche Front durchstoßen, die Maas überschreiten und dann an den Albert-Kanal zwischen Maastricht und Antwerpen vorstoßen. Infanterie-Verbände hatten demgegenüber – entlang der Weser beiderseits Eupen und den östlichen Befestigungen von Lüttich – an die 15. Armee angelehnt, die Nordflanke zu schützen.

Die zweite, südlich der 6. Panzer-Armee stehende, zugeführte Armee – die 5. Panzer-Armee – sollte im nördlichen Teil von Luxemburg durch die gegnerische HKL stoßen und unter Ausnutzung der Straße Bastogne – Namur über die Maas zwischen Amay und Namur vormarschieren. Teile waren, wenn es die Lage erforderte und anbot, über Dinant oder die Sambre in den Raum Brüssel und westlich Antwerpen vorzuführen, um eine Einwirkung feindlicher Reserven über die Linie Antwerpen – Brüssel – Dinant gegen den Rücken der 6. Panzer-Armee zu verhindern. Auch die hier entstehende tiefe Südflanke war zu vernachlässigen. Die schnellen Truppen der 5. Panzer-Armee sollten jedoch darauf achten, immer Anschluss an die Spitzen der

6. Panzer-Armee zu halten. Eine Anordnung, die zeigt, wie realitätsfern die deutsche Führung geworden war.

Die wiederum südlich der 5. Panzer-Armee stehende 7. Armee sollte die feindliche HKL zwischen Echternach und Grevenmacher durchbrechen und die Flanke der 5. Panzer-Armee sichern. Schließlich war entlang der Maas südlich Dinant, am Smoiss sowie in der Gegend beiderseits Luxemburg eine Abwehrfront nach Süden aufzubauen.

Da die großen Brücken über die Maas für den erfolgreichen Vorstoß auf Antwerpen äusserst wichtig waren, beabsichtigte Hitler, die mögliche Zerstörung dieser strategischen Punkte durch Kommandotruppen zu verhindern. Er beauftragte deshalb den bereits durch Sonderunternehmen bekannten SS-Obersturmbannführer Skorzeny mit der Planung einer besonderen Aktion. Als zurückgehende US-Truppen getarnt, sollten deutsche Soldaten die Maas-Brücken bei Engis, Amay und Huy besetzen und bis zum Eintreffen der deutschen Panzerverbände halten.

Ende Oktober 1944 begann Skorzeny mit der Aufstellung der aus Tarngründen als Panzer-Brigade 150 bezeichneten Einheit. Auf dem Truppenübungsplatz Grafenwöhr formiert, gliederte sie sich in:

I. /Panzer-Brigade 150 (Kampfgruppe „X") – Oberstleutnant Wulf
    Fallschirmjäger-Bataillon „Schluckebier"[32] – Major Schluckebier
    Panzerspähwagenkompanie
II. / Panzer-Brigade 150 (Kampfgruppe „Y") – Hauptmann Scherf mit
    Fallschirmjäger-Bataillon „Bading" – Oberleutnant Bading
    Panzerkompanie (Sherman-Panzer) – Oberleutnant Ernst[33]
III./Panzer-Brigade 150 (Kampfgruppe „Z") – SS-Obersturmbannführer Hardieck
    SS-Kampfgruppe „Leifheit" (1. /SS-Fallschirmjäger-Bataillon 600)
    SS-Kampfgruppe „Mans" (SS-Jagdverband „Mitte")
    Panzerkompanie[34] (5 Panzer V) – Oberleutnant Dreier

Ein ehemaliger Angehöriger erinnert sich an die ersten Tage in Grafenwöhr:
„Als das Bataillon nach schweren Kämpfen in Litauen und einem kurzen Abstecher nach Ungarn im Herbst 1944 in Neustrelitz zur Auffrischung weilte, ahnte wohl keiner, dass schon wenige Tage später diese Zeit der Ruhe zuende gehen würde. Denn kaum in Neustrelitz angekommen, hieß es auch schon wieder packen. Im Bahntransport ging es Anfang November südwärts über Hof direkt ins Nordlager

---

[32] Bei den beiden Fallschirmjäger-Bataillonen „Schluckebier" und „Bading" handelte es sich um das I. und II. /Fallschirmjäger-Regiment z. b. V. Nach der Ardennenoffensive verlegten die beiden Bataillone nach Wittstock. Sie bildeten schließlich das Fallschirmjäger-Regiment 26 der 9. Fallschirmjäger-Division
[33] Albert Ernst hatte am 22. Januar 1944 als Leutnant und Zugführer in der 1. /schweren Panzerjäger-Abteilung 519 das Ritterkreuz erhalten.
[34] Die Besatzungen stellte die 4. /Panzer-Regiment 11

auf den Truppenübungsplatz Grafenwöhr. Weitab jeglicher Zivilisation fristeten wir in den Baracken ein tristes Leben. Dienst und Wacheschieben wechselten sich in schöner Gleichmässigkeit. Eines Tages beobachteten wir, dass in den großen Werkstatthallen Hochbetrieb herrschte. Lichtbogen flackerten hinter abgedunkelten Fenstern und das Hämmern und Klopfen war weithin zu hören. Fachmännisch wurden Panzer V (Panther) in amerikanische M10 (Panzerzerstörer) verwandelt. Latrinenparolen tauchten auf und wohin man auch hörte: Gerüchte, Vermutungen und Befürchtungen über einen Sondereinsatz im Westen machten die Runde. Die totale Absperrung des Geländes um das Lager schien die immer wieder auftauchenden Parolen zu bestätigen."

Da die Ardennen-Offensive (Unternehmen „Wacht am Rhein") in den ersten Tagen des Dezember 1944 beginnen sollte, blieben für die Formierung nur rund vier Wochen Zeit. Während der Personalbedarf zur Bildung der Panzer-Brigade 150 durch Abstellung des I. und II. /Fallschirmjäger-Regiments z. b. V. der Luftwaffe, der 4. /Panzer-Regiment 11 sowie der 1. /SS-Jagdverband „Mitte" und der 1. /SS-Fallschirmjäger-Bataillon 600 sichergestellt werden konnte, blieb die Absicht, die Brigade mit amerikanischen Uniformen und Fahrzeugen auszustatten, eine Fiktion:

Die Panzer-Kompanie der Kampfgruppe „Z" erhielt fünf deutsche Panzer V „Panther", die durch bauliche Veränderungen der Silhouette dem amerikanischen Panzerzerstörer M 10 angepasst wurden. Neben 30 sog. Willy-Jeeps verfügte die Panzer-Brigade 150 nur über vier amerikanische Halbkettenfahrzeuge und ca 15 Lkw. Der Rest bestand aus deutschen Fahrzeugen!

Die Ausstattung mit US-Uniformen konnte ebenfalls nur im kleinen Umfange realisiert werden. Das OKH wollte diese nicht in den Kriegsgefangenenlagern beschlagnahmen lassen, da sich um einen völkerrechtswidrigen Vorgang handelte. So erhielt der Aspekt des „Beutemachens" – der Sprit für die Fortführung der Offensive von der Maas bis nach Antwerpen „mußte" ohnehin erbeutet werden – auch für SS-Obersturmbannführer Skorzeny besondere Bedeutung. So hatte die Masse der Panzer-Brigade 150 erst im Laufe des ersten Tages der Offensive mit US-Uniformen eingekleidet zu werden. Ob dies durch Eroberung eines Bekleidungslagers oder Wegnahme der Uniformen von Kriegsgefangenen oder Gefallenen geschehen sollte, blieb offen. So konnten zunächst nur die Fahrer und Beifahrer - die möglichst über genügende Englisch-Kenntnisse verfügten - amerikanische Uniformen tragen, während die restlichen Männer in den Fahrzeugen ihre deutsche Uniform weiterhin trugen.

Das Kommandounternehmen zur Inbesitznahme verschiedener Maas-Brücken lief anfänglich unter der Bezeichnung: „Rabenhügel" und später als „Greif". Die drei Kampfgruppen der Panzer-Brigade 150 sollten nach dem Durchbruch in der ersten Nacht die deutschen Angriffsspitzen überholen und als zurückgehende US-Truppen getarnt, beiderseits der Maas Brückenköpfe bilden und bis zum Vormarsch der Panzerverbände halten. Die Kampfgruppe „X" sollte im Bereich der vorstossenden 12. SS-Panzer-Division „Hitlerjugend" die Brücke bei Engis, die Kampfgruppe „Y" im Raum der 1. SS-Panzer-Division „Leibstandarte Adolf Hitler" (Panzergruppe „Peiper") die Brücke bei Amay und die Kampfgruppe „Z" – ebenfalls der 1. SS-Panzer-Division (Gruppe „Hansen") zugeführt – die Eisenbahnbrücke Huy in Besitznehmen. Daneben waren separat kleine Trupps in US-Uniformen und sog. Willy-Jeeps eingesetzt, um Verwirrung bei den gegnerischen Truppen zu erzeugen.[35]

Auf Grund der Verzögerung des gesamten Aufmarsches wurde der Angriffszeitpunkt vom 1. Dezember 1944 zunächst auf den 10. und schließlich auf den 16. Dezember 1944 verlegt. Am 8. Dezember 1944 folgte die Verlegung der Panzer-Brigade 150 (Stärke: ca. 1.600 Mann) vom Truppenübungsplatz Grafenwöhr auf den Truppenübungsplatz Wahn bei Köln. In der Nacht vom 13. auf 14. Dezember 1944 marschierte die Brigade in den Blankenheimer Forst in den Versammlungsraum des I. SS-Panzer-Korps (12. SS-Panzer-Division „Hitlerjugend" und 1. SS-Panzer-Division „Leibstandarte Adolf Hitler") zur Verfügung der 6. Panzer-Armee. Diese gliederte sich am 15. Dezember 1944 in:
LXVII. Armee-Korps mit
272. und 326. Volks-Grenadier-Division
I. SS-Panzer-Korps mit
277. und 12. Volks-Grenadier-Division
3. Fallschirmjäger-Division
12. SS- und 1. SS-Panzer-Division und Panzer-Brigade 150
II. SS-Panzer-Korps mit
2. SS- und 9. SS-Panzer-Division

Am nächsten Tag sollte die 277. Volks-Grenadier-Division mit dem Grenadier-Regiment 989 aus dem Bereich der Westwallbunker um Hollerath und dem Grenadier-Regiment 990 aus dem Raum der Westwallbunker um Udenbreth auf Rocherath – Krinkelt antreten und den Weg für die 12. SS-Panzer-Division öffnen. Das Grenadier-Regiment 991 stellte sich hinter den beiden Regimentern bei Ramscheid bereit.

Die 12. Volks-Grenadier-Division hatte mit dem Grenadier-Regiment 48 die amerikanischen Stellungen beiderseits Losheim zu durchstossen und die 3. Fallschirmjäger-Division im Abschnitt Berterath – Manderfeld – auf Hepscheid und Heppenbach vorgehend – den Kampfgruppen der 1. SS-Panzer-Division den Durchmarsch im Losheimer Graben zu ermöglichen.

---

[35] Der Erfolg der wenigen eingesetzten Gruppen war sehr unterschiedlich. Immerhin verursachten sie bei den für Gerüchte sehr anfälligen Amerikanern hektische Aktionen und nicht wenige „echte" US-Soldaten wurden vorübergehend als „Falsche" festgenommen. Gerieten die deutsche Kommandotrupps in Gefangenschaft, so wurden sie i. d. R. erschossen!

Am 16. Dezember 1944 begann um 5.30 Uhr morgens auf rund 100 km Länge von Monschau bis Echternach die Offensive gegen die 1. US-Armee (General Hodges). Nach 30minütiger heftiger Artillerievorbereitung trat die 6. Panzer-Armee im Abschnitt Hallscheid – Losheim gegen das V. US-Korps (General Gerow) an. Die Korps der 5. Panzer-Armee (General der Panzertruppen von Manteuffel) – LXVI. Armee-Korps, LVIII. Panzer-Korps und XLVII. Panzer-Korps – wurden im Raum zwischen Manderfeld und westwärts Bitburg gegen das VIII. US-Korps (General Middleton) offensiv. Im Süden der Front griff die 7. Armee (General der Panzertruppen Brandenberger) mit LXXXV. und LXXX. Armee-Korps im Raum bis Echternach an. Ein ehemaliger Angehöriger erinnert sich an die ersten Stunden der Offensive:

„In der Nacht vom 15. auf 16. Dezember 1944 stand ich auf einer Waldlichtung nahe der belgischen Grenze. Die Nacht war kalt und der Schuppen am Rande der Wiese brechend voll mit Landsern. Alle suchten ein trockenes, windgeschütztes Fleckchen. Hundemüde dösten wir vor uns hin. Gegen 3 Uhr in der Frühe wurden wir herausgerufen. Auf einem Waldweg standen unsere Mannschaftstransporter. Wir saßen auf und warteten. Die Knarre zwischen den Knien, harrten wir der Dinge. Seit ein paar Stunden wussten wir erst, worum es ging. Auf den Fahrzeugen war es eiskalt, die Planen waren heruntergenommen und die Schneeluft strich über die Eifelhöhen. Wir konnten garnicht so schnell zittern, wie uns die Zähne klapperten. Alles war klamm. Seit Grafenwöhr waren wir nicht mehr aus den Klamotten herausgekommen und Winterbekleidung hatten wir keine. Durch das dünne Tuch der Uniformen kroch die Kälte bis ins Mark. Da hielt auch der Knochensack nichts mehr auf.

Eine Lage schwerer Koffer rauschte über uns hinweg, eine zweite und dritte folgte, dann war Ruhe. Eine merkwürdige Ruhe. Da stand auf engstem Raum eine vollaufgerüstete Panzerarmee und das soll alles gewesen sein, was da an Artillerie hinüber zu den Amis geschickt wurde? Die Uhr zeigte 5.30 Uhr und noch immer blieb es still. Die Fahrer hatten die Motoren abgestellt – Sprit war knapp.

Warten und nochmals warten. Schließlich ging es aber doch noch los. Mit abgedunkelten Scheinwerfern ging es langsam voran. Auf Nebenwegen rollte die Kolonne Richtung Losheimer Graben.

Wir standen mehr, als wir fuhren. Das Einfädeln in die Vormarschstraße schien nicht zu funktionieren. Bei Hellwerden hieß es schließlich absitzen. Zu Fuß ging es über schmale, von Kettenfahrzeugen zerfurchte Waldwege bergan. Durch den lichten Buchenwald drang erstes Tageslicht. Mit Infanterieeinheiten der Wehrmacht marschierten wir seitlich des Weges durch den Wald.

Vollbeladen mit Schwerverwundeten schlängelte sich ein SPW den morastigen Weg herunter. Überall bedrücktes Schweigen angesichts dieser ersten sichtbaren Opfer. Bergwärts war für die Räderfahrzeuge kein Durchkommen. Steil zogen sich die Wege hinauf zu den Höhen. Trotz der Kälte kamen wir bald ins Schwitzen. Nebel hing zwischen den Bäumen. Keiner fragte mehr, wo wir eigentlich waren. Nach Stunden gelangten wir an eine Straße, an der auf einer angrenzenden Wiese eine

Panzereinheit aufgefahren war. Die Panther hatten die Motoren abgestellt. Schneeschauer flogen darüber hinweg. Wir verkrochen uns hinter den schweren Kolossen und wärmten uns an den grossen Auspufftöpfen. Überall saßen Gruppen an geschützten Stellen zusammen. Einige pennten..."

Der Angriff kam nicht in Bewegung; nachdem es die 277. Volks-Grenadier-Division nicht schaffte, die gegnerische HKL zu durchstoßen, erhielt die dahinter stehende 12. SS-Panzer-Division „Hitlerjugend" den Einsatzbefehl. Aber auch ihr gelang der Durchbruch nicht; genauso wenig der 12. Volks-Grenadier-Division im Raum Losheim. Nur die 3. Fallschirmjäger-Division konnte in die feindlichen Stellungen einbrechen und der Panzergruppe „Peiper" (Kdr. des SS-Panzer-Regiments 1) den schnellen Vorstoß in den Raum südlich Malmédy[36] – Stavelot ermöglichen.

Ein ehemaliger Angehöriger der Panzer-Brigade 150 verlor mit seiner Gruppe Anschluß an seine Kampfgruppe und schloß sich Teilen der 12. SS-Panzer-Division „Hitlerjugend" an:

„Um nicht vollkommen in der Luft zu hängen, schlossen wir uns dieser Einheit an. Wenigstens brauchten wir an diesem Tag nicht mehr zu marschieren. Mit den Grenadieren auf dem Buckel rumpelten die schweren Panzer auf der Straße davon. Unsere Panzerbesatzung schaute nicht schlecht, als sie die ungewohnten Stahlhelme erblickte. Aber dann freuten sie sich doch, einmal Fallschirmjäger als Infanteriebegleitung zu transportieren. Nach kurzer Fahrzeit kamen uns die ersten Kolonnen gefangener Amis entgegen. Ängstlich drückten sie sich an den Straßenrand, während Panzer um Panzer an ihnen vorbeirasselte. Aus der Ferne klang Gefechtslärm.

---

[36] Malmédy wurde bereits im Dezember 1944 zu einem besonderen Politikum, als die USA Deutschland die völkerrechtswidrige Erschiessung von 200 kriegsgefangenen US-Soldaten vorwarf! Am 17. Dezember 1944 war die SS-Panzergruppe „Peiper" vier Kilometer vor Malmédy auf eine sich im Marsch befindliche etwa 200 Mann starke amerikanische Artillerieeinheit gestoßen. Innerhalb weniger Minuten standen die amerikanischen Fahrzeuge in Flammen – die Masse der US-Soldaten ergaben sich. Während die Kampfgruppe „Peiper" sofort weiterfuhr, übernahmen etwa acht SS-Angehörige - eines wegen Kettenschaden liegengebliebenen Fahrzeuges – die Bewachung der rund 100 Kriegsgefangenen. Als drei US-Soldaten versuchten, in den nahen Wald zu entkommen, machte der deutsche Panzerkommandant von seiner Schusswaffe Gebrauch. Die Situation eskalierte, als jetzt weitere Amerikaner zu fliehen versuchten. Nunmehr eröffneten auch die anderen deutschen Soldaten das Feuer. Insgesamt fanden die US-Truppen später 71 Gefallene; es war allerdings nicht mehr festzustellen, wer bei dem kurzen Gefecht vor der Gefangennahme oder erst nach der Gefangennahme gefallen war. Bereits am 20. Dezember 1944 meldete der Soldatensender Calais, dass bei Malmédy 200 US-Soldaten in der Kriegsgefangenschaft erschossen worden seien. Im Mai 1945 wurden die Verantwortlichen hierfür gesucht. Schließlich klagte ein US-Militärgericht 74 Angehörige der 1. SS-Panzer-Division „Leibstandarte Adolf Hitler" an, an diesem Vorfall beteiligt gewesen zu sein! Wie es aktuell wieder im Irak bekannt wurde, so wurden die Angeklagten auch damals wiederholt psychisch und physisch gefoltert (Erpressen von Geständnissen, Scheinhinrichtungen und ähnliches). Am 16. Juli 1946 folgte die Urteilsverkündung: ohne Beweise wurden 43 Todesurteile, 22 lebenslange- und 8 mehrjährige Haftstrafen ausgesprochen! Es folgte eine Welle der Empörung,, die schließlich dazu führte, dass 1948 die Überprüfung der Urteile durch einen US-Richter sowie durch drei US-Senatoren angeordnet wurde. Das Ergebnis war, dass die Prozeßführung auch in den USA als „Skandal" und „Schande für die amerikanische Flagge" bezeichnet wurde. Alle Angeklagten wurden daraufhin aus der Haft entlassen.

Das Wummern der Artillerie war trotz der Fahrzeuggeräusche deutlich zu vernehmen.

An einer Weggabel ein kurzer Marschhalt; Besprechung der Kommandanten beim Kompaniepanzer und schon ging es weiter in schneller Fahrt, so gut es in dieser Dunkelheit ging. Wir passierten Wegweiser, konnten aber nicht erkennen, was darauf stand.

Unser Panzer verließ die Strasse und fuhr querfeldein zu einem Waldstück, in dem wir wenig später auf eine Kompanie Panzergrenadiere stießen, die sich dort gerade zum Angriff bereitstellten. Als willkommene Verstärkung sollten wir von nun an in den Reihen dieser Einheit an den dreitägigen Kämpfen um die Doppelortschaft Krinkelt – Rocherath teilnehmen.

Mit den Panzern brachen wir in die Ortschaft ein. Die Amis hatten Pak und Sherman-Panzer in Stellung gebracht. Sie beherrschten die Straßen und Wege und schossen trotz der Dunkelheit mehrere Panther gleich zu Beginn des Angriffs ab. Die amerikanische Infanterie war vom Ortsrand auf die zurückliegenden Häuser ausgewichen und wir setzten uns in den geräumten Häusern fest. Ein größeres Gebäude, vermutlich ein Schulheim, denn es war ein Waschraum vorhanden, diente für drei Tage dem Grenadier-Bataillon als Gefechtsstand, der grosse Keller als Sammelraum für Schwerverwundete. Erst jetzt erfuhren wir, mit wem wir hier am nördlichsten Abschnitt der Offensive lagen: die Grenadiere gehörten zum II. /SS-Panzer-Grenadier-Regiment 25 der 12. SS-Panzer-Division „Hitlerjugend".

Nach dreitägigem ununterbrochenen Kampf um den Ort Krinkelt, an der auch Teile der 277. Volks-Grenadier-Division teilnahmen, zogen wir schließlich ab in Richtung Malmédy; vorher erhielten wir noch von unseren Gastgebern drei Nahkampftage in unsere Soldbücher eingetragen."

Die Gründe für die Mißerfolge des ersten Angriffstages lagen vor allem an der heftigen Gegenwehr der US-Truppen, die durch schwere Artillerie hervorragend unterstützt wurden. Ferner die zahlreichen amerikanischen und sogar deutschen Minenfelder und der Umstand, dass die Panzer und sonstigen Fahrzeuge auf Grund der Witterungsverhältnisse (grundloser, aufgeweichter Boden) nur auf den wenigen Straßen gefahren werden konnte. Da sich hier alle Einheiten bewegten, kam es – nicht zuletzt durch die häufig unerfahrenen Fahrer – kontinuierlich zu Stauungen. Ein schnelles Vorstossen wie von Hitler geplant, war also unmöglich. So scheiterte die Ardennenoffensive bereits am ersten Tag. Der Kommandoeinsatz der Panzer-Brigade 150 überholend die Brücken vor den hypothetisch „zurückflutenden" US-Truppen zu erreichen, erübrigte sich so.

Da es dem LXVII. Armee-Korps nicht gelang, das strategisch wichtige Elsenborn zu erobern – von dessen Truppenübungsplatz schwere US-Artillerie jeglichen Vormarsch verhinderte – war der einzige wirkliche Erfolg der 6. Panzer-Armee die SS-Panzergruppe „Peiper", die am 18. Dezember 1944 – nach heftigen Kämpfen bei Stavelot –, La Gleize erreichte. Während SS-Obersturmbannführer Peiper versuchte über Stoumont und Chevron den Angriff in Schwung zu halten, schnürten die aus anderen Frontabschnitten eiligst herangeführten US-Reserven den Durchbruchsraum bei Stavelot ab. In den heftigen Kämpfen gelang es nur Teilen der nachfolgenden deutschen Kampfgruppen der 1. SS-Panzer-Divsion zur SS-Panzergruppe „Peiper" aufzuschließen. Diese litt inzwischen nicht nur unter Betriebsstoff- und Munitionsmangel sondern auch an infanteristischen Kräften zur Sicherung der gepanzerten Fahrzeuge. Diese wurden im hohen Maße – u. a. einfach mit Bazookas – abgeschossen. Als es den Gegner gelang, die Front bei Stavelot entgültig zu schließen, war die SS-Panzergruppe „Peiper" im Raum Stoumont – La Gleize eingeschlossen.

Das Mißlingen der Ardennenoffensive im Rahmen der 6. Panzer-Armee, führte dazu, dass das Unternehmen „Greif" hinfällig wurde. Während die Kampfgruppe „X" weiterhin nicht verwendet im rückwärtigen Raum nördlich Losheimergraben lag, verlegte die Kampfgruppe „Y" nach Engelsdorf (Ligneuville). Die Kampfgruppe „Z", die seit 16. Dezember 1944 von SS-Hauptsturmführer von Foelkersam geführt wurde[37], marschierte zunächst am 18. Dezember 1944 aus dem Bereitstellungsraum in das Gebiet südlich Büllingen. Von hier aus sollte sie der SS-Kampfgruppe „Hansen" (verstärktes SS-Panzer-Grenadier-Regiment 2) folgen und die Maas-Brücke bei Huy besetzen. Am 20. Dezember 1944 folgte die Inmarschsetzung zur Kampfgruppe „Y" nach Engelsdorf. Die Panzer-Brigade 150 sollte von hier aus nach Norden angreifen, Malmédy besetzen und dadurch die Verbindung zur westlich davon eingeschlossenen SS-Panzergruppe „Peiper" herstellen.

In dem folgenden Einsatz zeigte es sich, dass SS-Obersturmbannführer Skorzeny nicht nur für einen derartigen klassischen Angriff ungeeignet war, sondern auch kein Verantwortungsbewußtsein für seine Soldaten besaß. Ohne vorherige Aufklärung und Versammlung seiner Kräfte, befahl er der Kampfgruppe „Y" bereits am Abend des 20. Dezember 1944 über Baugnez den Angriff auf Malmédy. Der Angriff – bei Minus 15 Grad – blieb im schweren Abwehrfeuer unter hohen Verlusten liegen, worauf Hauptmann Scherf das Zurückgehen auf die Ausgangsstellung Engelsdorf anordnete. Die SS-Fallschirmjäger und Grenadiere des SS-Jagdverbandes „Mitte" (Kampfgruppe „Z") griffen separat um 4.30 Uhr des 21. Dezember 1944, über Bellevaux – Falize an. Sie sollten Warchebrück besetzen und vom Westen gegen Malmédy vorgehen. Das Unternehmen scheiterte, nachdem die Männer zahlreiche von den Amerikanern verlegte Leuchtsätze durch Stolperdrähte auslösten und dadurch schweres Artilleriefeuer auf sich zogen. Rund zwei Stunden später wurde der Angriff mit fünf umgebauten Panzern V „Panther" sowie einem Beutepanzer „Sherman" der Panzer-Kompanie „Dreier" wiederholt. SS-Hauptsturmführer von Foelkersam befahl drei Panzern die Grenadiere und Fallschirmjäger in Richtung Warchebrück zu unterstützen und drei Panzer einen Entlastungsangriff von Falize aus in Richtung Malmédy zu fahren. Die eingesetzten Panzer wurden bis auf einen inner-

---

[37] SS-Obersturmbannführer Hardieck war am 16. Dezember 1944 bei einer Erkundungsfahrt tödlich verwundet worden.

halb kurzer Zeit abgeschossen. Dieser eine umgebaute Panzer V brachte einen verwundeten Offizier zum Gefechtsstand der Kampfgruppe „Z" – der Gaststätte „Cafe du Rocher de Falize". Auf Grund der hohen Verluste wurde auch dieser Angriff eingestellt. Die Einheiten der Panzer-Brigade 150 bauten nunmehr im Raum von Bellevaux – an die Höhen ostwärts Falize angelehnt – Stellungen mit einer Länge von ca. 10 km aus. Linker Nachbar waren Teile der 1. SS-Panzer-Division „Leibstandarte Adolf Hitler", rechter Nachbar Teile der 3. Fallschirmjäger-Division.

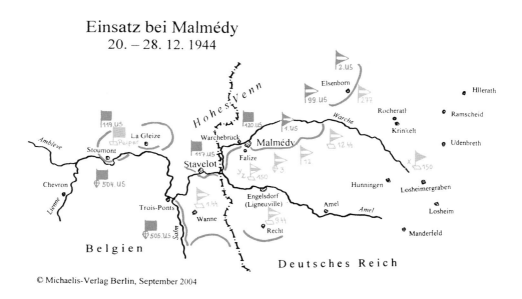

Die Verluste der vorangegangenen Kämpfe, die über 50 % betrugen, rührten SS-Obersturmbannführer Skorzeny wenig. So äusserte er sich gegenüber dem Führer der Kampfgruppe „Y", dass der *„Haufen jetzt erst richtig sei"*. Nachdem Skorzeny bei einem Artillerieüberfall ebenfalls verwundet wurde, übernahm Oberstleutnant Wulf am 26. Dezember 1944 die Führung der Brigade. Zwei Tage später lösten Teile der 18. Volks-Grenadier-Division die Kampfgruppen der Panzer-Brigade 150 in den Stellungen südlich Malmédy ab. Wieder nach Köln-Wahn kommandiert, folgte Anfang Januar 1945 die Auflösung der Brigade und Inmarschsetzung der Männer zu ihren Stammeinheiten.

Ein ehemaliger Angehöriger erinnert sich an seinen Einsatz bei der Panzer-Brigade 150:

„Im November 1944 wurde eine kampfgruppenähnliche Einheit von 180 Mann unter Führung von SS-Obersturmführer Leifheit (in der Hauptsache die erste Kompanie) aus dem Bataillon herausgezogen und zusammengestellt, die zu einem Spezial-Einsatz zum Truppenübungsplatz Grafenwöhr in Marsch gesetzt wurde. Hier trafen wir spezielle Truppenteile aller Waffengattungen, man fiel nur auf, wenn man kein Ritterkreuz trug, wir entdeckten aber rasch, dass es vornehmlich Einheiten waren, deren Offiziere und Unteroffiziere englisch sprechen konnten. Es begann eine intensive Wiederholung unseres militärischen Könnens, besonders wurden wir im Nachteinsatz geschult, lange Märsche in unbekanntem Gelände, Schießen bei Nacht, bei Licht, bei Leuchtkugeln und auf Licht, Häuserkampf.

Anfang Dezember 1944 fuhren wir als ein Eisenbahnzug „Weihnachtsbäume" getarnt nach Westen und luden in Wahn bei Köln aus. Es folgte Marsch und Bereitstellung zur Ardennenoffensive, die am 16. Dezember 1944 begann.

Wir blieben vor Malmédy liegen, wurden am 1. Januar 1945 aus diesem Abschnitt herausgezogen und marschierten zurück nach Wahn bei Köln. Nach der Beendigung des Einsatzes gab es Sonderurlaub. Nun, wir waren alle um den 28./29. Januar 1945 – damit meine ich die restlichen 30, 40 Mann und der ganze Fuhrpark, verstärkt durch erbeutete Jeeps und Panzerspähwagen – wieder in unserer Neustrelizer Kaserne eingezogen und bereiteten uns auf den 30. Januar 1945 vor."

Angehöriger des SS-Fallschirmjäger-Bataillons
mit verliehenem Fallschirmschützen-Abzeichen.

Erkennungsmarke des SS-Fallschirmjäger-Bataillons 600.

Einsatz an der Oderfront

Brückenkopf Schwedt

Am 12. Januar 1945 begann die sowjetische Winteroffensive aus mehreren Brückenköpfen beiderseits Warschaus. Die deutschen Verbände hatten diesem Ansturm nichts entgegenzusetzen. Die Heeresgruppe „A" wurde genauso wie die Heeresgruppe „Mitte" innerhalb weniger Tage zerschlagen. In aller Eile wurde am 21. Januar 1945 die Heeresgruppe „Weichsel" gebildet, die die Front zwischen Danzig – Stettin – Schlesien führen sollte. Zum Oberbefehlshaber wurde am 26. Januar 1945 der Reichsführer-SS Himmler ernannt.

Nachdem Ende Januar 1945 Teile der sowjetischen 1. Weißrussischen Front (Marschall Shukow) die Oder erreicht hatten, erhielten sich in Auffrischung oder Aufstellung befindliche deutsche Formationen den sofortigen Verlegungsbefehl an die Front. Himmler stützte seine neue Heeresgruppe „Weichsel" innerhalb weniger Tage durch zahlreiche SS-Formationen. Darunter befanden sich auch Teile der SS-Jagdverbände, die einsatzmässig dem Reichssicherheitshauptamt unterstanden.

Der Kommandeur der SS-Jagdverbände, SS-Obersturmbannführer Skorzeny, erhielt so am 30. Januar 1945 von der Heeresgruppe „Weichsel" den Befehl, mit allen sofort verfügbaren Einheiten nach Schwedt zu marschieren und eine Brückenkopfstellung ostwärts der Oder zu bilden. Diese sollte einerseits zum konzentrierten Ziel der zurückflutenden deutschen Truppen werden und andererseits eine Ausgangsbasis für eine kurzfristig durchzuführende deutsche Gegenoffensive darstellen.

Hierbei plante der Chef des Generalstabes des Heeres, Generaloberst Guderian, mit der – aus den Ardennen nach Osten zu verlegenden – 6. (SS-)[38] Panzer-Armee aus dem Raum südöstlich Stettins nach Süden vorzustoßen und sich mit deutschen Truppen, die aus dem Raum Guben – Glogau entgegenstießen, zu vereinen. Hierdurch sollte die gesamte Oderfront entlastet und die vorgestossenen Verbände der 1. Weißrussischen Front westlich davon zerschlagen werden. Hierbei hätten die Nord- und Südgruppe jeweils „nur" rund 70 km zurücklegen müssen. Bei gleichzeitigem Antreten der Sicherungsverbände entlang der Oder sollte ein Erfolg durchaus im Bereich des Möglichen liegen. Hitler lehnte ab, da er den Entsatz von Budapest wichtiger einstufte. Vielmehr befahl er eine kleine Lösung, bei denen die neugebildete 11. Armee unter Führung von SS-Obergruppenführer und General der Waffen-SS Steiner, mit dem XXXIX. Panzer-Korps aus dem Raum zwischen Madü-See und südlich Stargard über Pyritz Richtung Schwedt vorstossen sollte. Hierdurch wurde bei Erfolg nicht nur die eingeschlossene Besatzung von Pyritz freigekämpft, sondern in Verbindung mit aus dem Brückenkopf Schwedt vorgehenden Truppen, der west-

---

[38] Die 6. Panzer-Armee wurde seit Januar 1945 auch als 6. SS-Panzer-Armee bezeichnet.

lich der Linie stehende Feind zerschlagen und die Front verkürzt. Die Entfernung zwischen den Truppen des XXXIX. Panzer-Korps und dem Brückenkopf Schwedt betrug rund 70 Kilometer.

Nachdem SS-Obersturmbannführer Skorzeny den Einsatzbefehl bekommen hatte, alarmierte er sofort das
    SS-Fallschirmjäger-Bataillon 600 (SS-Hauptsturmführer Milius)
        4 Kompanien
    SS-Jagdverband „Mitte" (SS-Hauptsturmführer Fucker)
        4 Kompanien
    SS-Jagdverband „Nordwest"[39] (SS-Hauptsturmführer Hoyer)
        1 Kompanie
    SS-Nachrichten-Kompanie
    SS-Scharfschützen-Zug
    SS-Infanterie-Geschütz-Kompanie

und ließ erste Vorkommandos am Morgen des 31. Januar 1945 nach Schwedt marschieren. Entgegen verschiedener Meldungen war die – am linken Oderufer liegende – Stadt noch nicht von der Roten Armee besetzt sondern stand noch unter dem Kommando eines schwerversehrten Obersten. An Truppen befanden sich in Schwedt:
    Panzer-Grenadier-Ersatz-Bataillon 3
    Panzer-Grenadier-Ersatz-Bataillon 9
    Panzer-Grenadier-Ersatz-Bataillon 83
    Pionier-Ersatz-Abteilung 12
    Fähnrichlehrgang (180 Mann)

SS-Obersturmbannführer Skorzeny – von der Heeresgruppe „Weichsel" als Kampfkommandant des Brückenkopfes Schwedt eingesetzt – ließ sofort auf ca. 40 km Länge die Verteidigungsstellungen ausbauen. Diese verliefen zunächst im Norden von Nipperwiese – das durch den Fluß Röhrike praktisch einen kleinen zweiten Brückenkopf darstellte – in Richtung westlich Uchtdorf in den Raum ostwärts Grabow. Hier wurde bei Königsberg eine vorgeschobene Stellung ausgebaut. Schließlich lief die HKL in westliche Richtung und endete zwischen Peetzig und Niedersaaten an der Oder. Während das SS-Fallschirmjäger-Bataillon den südlichen Abschnitt bezog - die 3. Kompanie befand sich in Königsberg – übernahm der SS-Jagdverband „Mitte" den nördlichen Stellungsabschnitt.

Die Rote Armee war sich der potentiellen Bedrohung durch den Brückenkopf bewußt, und versuchte ihn bereits in den ersten Tagen des Februar 1945 wiederholt in schweren Angriffen einzudrücken. Während man auf deutscher Seite noch bemüht

---

[39] Diese Kompanie wurde kurz darauf dem SS-Jagdverband „Mitte" unterstellt.

war, Ordnung in die an die Front geworfenen Alarmeinheiten zu bringen, wehrten die SS-Jagdverbände in heftigen Gefechten, die starken sowjetischen Panzerangriffe ab. Am Abend des 4. Februar 1945 griff der Gegner mit 30 T-34, Infanterie und Kavallerie den Gefechtsvorposten Bernikow (östlich Königsberg) an, überrollte die Stellungen der 3. /SS-Fallschirmjäger-Bataillon 600 und drang mit der Masse der Panzer von Norden und Süden in Königsberg ein. Obwohl es gelang, bei den Straßenkämpfen neun feindliche Panzer mit Panzerfäusten abzuschiessen, musste die Ortschaft vor der Übermacht geräumt werden. Immerhin gelang es dem Kompanieführer, SS-Obersturmführer Marcus, etliche Zivilisten mit in die eigentliche Brückenkopfstellung zu evakuieren.

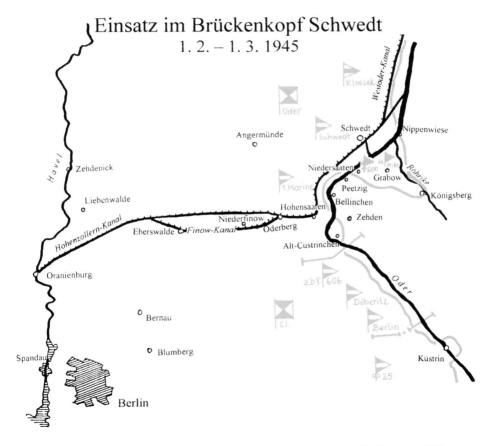

© Michaelis-Verlag Berlin, November 2004

Am gleichen Tage wurde das Generalkommando „Oderkorps" (Generalleutnant Krappe[40]) aus dem Stab der am 26. Januar 1945 im Wehrkreis X gebildeten Division z. b. V. 612 – einem Stab zur Führung von Alarmeinheiten – gebildet. Zunächst noch der 11. Armee unterstellt, verfügte das Oderkorps über die
> Kampfgruppe „Klossek"[41]
> SS-Kampfgruppe „Skorzeny"
> 1. Marine-Schützen-Division

Während sich die SS-Kampfgrupppe „Skorzeny" im Brückenkopf befand, stellte die Kampfgruppe „Klossek" auf dem westlichen Oderufer den linken Nachbarn und die 1. Marine-Schützen-Division ebenfalls auf dem westlichen Oderufer – einschließlich des Brückenkopfes Zehden – den rechten Nachbarn dar. Skorzeny erhielt zur Verteidigung weitere Einheiten zugeführt; so u. a. das Wachbataillon „Hermann Göring", Heimat-Flak-Abteilungen aus Berlin und Hamburg, ebenso ein Volkssturmbataillon aus Hamburg und zwei Kompanien des Waffen-Grenadier-Regiments der SS (rumänisches). Demgegenüber wurde das – bislang noch an der Front stehende – III./Fallschirm-Jäger-Regiment 26[42] (9. Fallschirmjäger-Division) abgezogen.

Am 8. Februar 1945 erhielt SS-Obersturmführer Marcus den Befehl, das verlorengegangene Königsberg zurückzuerobern. Nach starken feindlichen Gegenangriffen musste sich die 3./SS-Fallschirmjäger-Bataillon 600 nach kurzer Zeit wieder aus der gewonnen Ortschaft zurückziehen. Am Mittag des nächsten Tages betrug die Gefechtsstärke noch 30 Mann! Insgesamt führte die Rote Armee am 9. Februar 1945 – nach starker Artillerievorbereitung – nicht weniger als 12 Angriffe gegen die Brückenkopfstellung (sic!). Am 10. Februar 1945 kam es zu drei und am 12. Februar 1945 zu vier Angriffen. Grabow, das der entscheidende Pfeiler in der Verteidigung des Brückenkopfes war, war schließlich umsäumt von Panzerwracks, die von der Härte der Kämpfe sprachen!

Am 16. Februar 1945 begann mit dem in wenigen Tagen geplanten deutschen Unternehmen „Sonnenwende" die sog. Pommernoffensive. Während das III. (germanische) SS-Panzer-Korps zumindest die eingeschlossene Stadt Arnswalde erreichen und die etwa 5.000 Zivilisten und Verwundeten evakuieren konnte, gelang es dem westlich davon eingesetzten XXXIX. Panzer-Korps (General der Panzertruppen

---

[40] Zur Biographie siehe Anlage 5
[41] Die Kampfgruppe „Klossek" bestand aus
> 1 ungarischen Bataillon
> Grenadier-Regiment 1604
> Volkssturm-Bataillon Seesen
> 1 Bataillon Führeranwärter des Generalkommandos „Oder"

[42] Das Fallschirmjäger-Regiment 26 war im Februar 1945 aus dem I. und II. Bataillon des Fallschirm-Jäger-Regiments z. b. V. sowie dem Fallschirm-Panzerjagd-Bataillon 52 gebildet worden. Das III./Fallschirmjäger-Regiment 26 wurde nach Breslau eingeflogen und in Fallschirm-Jäger-Bataillon 68 umbenannt.

Decker) auf Grund der starken sowjetischen Abwehr nicht einmal bis Pyritz vorzustossen.[43] Bereits am 19. Februar 1945 stellte die Heeresgruppe „Weichsel" die Offensive ein,

„... um die wertlose Abnutzung der Angriffsverbände zu vermeiden."

SS-Obersturmbannführer Skorzeny gliederte die inzwischen dem Brückenkopf zugeführten Ersatz- und Alarmeinheiten in eine Division, die als Division „Schwedt" bezeichnet wurde:

	Offiziere	Unteroffiziere	Mannschaften
Stab	20	17	28
SS-Nachrichten-Kompanie	3	40	121
SS-Scharfschützen-Zug	1	-	40
schw. SS-Infanterie-Geschütz-Kp.	1	32	120
Ausbildungs-Kompanie	2	8	150
Auffangkommando „Weiß"	1	6	160
Kraftwagen-Werkstattzug	4	17	74
Versorgungs-Kompanie	1	62	246
Sanitäts-Kompanie	11	-	65
SS-Fallschirmjäger-Bataillon 600	17	160	512
SS-Jagdverband „Mitte"	12	113	555
SS-Einheit „Schwerdt"	3	40	165
Bataillon „Aschenbach"	10	82	394
Bataillon „Jakobs"	17	174	672
Kompanie „Steinke"	1	37	83
Kompanie „Strassmann"	3	19	111
Bataillon „Strempel"	15	93	393
Bataillon „Zapf"	18	175	574
Kompanie „Galli"	1	8	45
Batterie „Klassen"	1	13	37
Pionier-Bataillon	17	117	514
Pionier-Sonderstab „Bernhardt"	7	28	27
	166	1.241	5.089
Am Westufer eingesetzt:			
Flak	25	134	626
Luftwaffe	5	30	250
W.-Gren.-Rgt. der SS (rumänisch)	15	62	333
Volkssturm Hamburg	26	139	392
Volkssturm Königsberg	6	18	238
	243	1.624	6.928

---

[43] Vgl. hierzu: Michaelis, Rolf: Die 10. SS-Panzer-Division „Frundsberg", Berlin 2004 und dergl.: Die 11. SS-Freiwilligen-Panzer-Grenadier-Division „Nordland", Berlin 2004

Kurzzeitig hatte Skorzeny auch über eine Sturmgeschützeinheit verfügen können, die eigentlich für die Pommernoffensive gedacht gewesen war: rein hypothetisch sollte diese Einheit bereitstehen, um gegebenenfalls aus dem Brückenkopf der über Pyritz vormarschierenden 10. SS-Panzer-Division „Frundsberg" entgegenzustossen. Nach dem schnellen Scheitern der Offensive wurde auch diese einzige bewegliche schwere Einheit – die zumindest in einige Kämpfe eingriff – aus dem Brückenkopf wieder abgezogen.

Nach dem Scheitern des Unternehmens „Sonnenwende" stellte der Oberbefehlshaber der Heeresgruppe „Weichsel", Himmler, am 22. Februar 1945 die neuen Aufgaben für das Oderkorps heraus:
„Oder-Korps verteidigt die Oderlinie und die eigenen Brückenköpfe in seinem Abschnitt, mit Schwerpunkt im Brückenkopf Schwedt. Der laufende weitere Ausbau und die Verstärkung der Verteidigungsanlagen ist hier bei der weitgespannten Aufstellung der eigenen Truppe besonders wichtig. Er ist durch das Korps täglich zu überprüfen und zu überwachen. Die schwache eigene Artillerie erfordert scharfe Schwerpunktbildung und äusserst bewegliche Führung. Die notwendigen Vorbereitungen für die Umgruppierungen müssen daher bis ins Kleinste getroffen sein. Wenn auch das Feindverhalten bisher vor dem Abschnitt des Korps ruhig war, muss jederzeit auch hier mit einem starken Feindangriff (Aufschließen der 47. Roten Armee) gerechnet werden. Ein überraschender Feindvorstoß gegen die tiefen Flanken des Brückenkopfes Schwedt aus dem unübersichtlichen Waldgebiet Forst Peetzig und Forst Röderbeck liegt nahe. Diese Feindabsicht rechtzeitig zu erkennen, muss das erste Ziel einer laufenden starken Gefechtsaufklärung sein."

Fünf Tage später übergab SS-Obersturmbannführer Skorzeny den Befehl an SS-Obersturmbannführer Kempin. Hierbei wurde festgehalten, das SS-Fallschirmjäger-Bataillon 600 sowie den SS-Jagdverband „Mitte" zu einem SS-Regiment zusammenzufassen und nach Zuführung zweier neuer Bataillone im Brückenkopf als Reserve zu verwenden. Schließlich sollten sie ganz aus dem Brückenkopf gezogen werden. Vom 1. Februar bis 25. Februar 1945 hatten diese beiden Einheiten insgesamt 93 Gefallene, 294 Verwundete und 5 Vermißte gehabt (392 Mann = rund 30 % der Gesamtstärke).

Nachdem die 2. Weissrussische Front (Marschall Rokossowkij) am 1. März 1945 vom Madü-See über die Ihna entlang bis Nantikow zum Grossangriff ansetzte und innerhalb weniger Stunden fast die gesamte Front zum Einsturz brachte, sah Hitler ein, dass zunächst keine weiteren Offensiven im pommerschen Raum möglich sein würden. Um Menschen zu sparen, entschloss er sich den seit Anfang Februar 1945 stets hart umkämpften Brückenkopf Schwedt am Abend des 1. März 1945 aufzugeben. Das Kriegstagebuch des OKW vermerkte diesbezüglich am 2. März 1945:
„Der eigene Brückenkopf bei Schwedt hat keine Bedeutung mehr und ist geräumt worden."

Die Zahl der Gefallenen betrug auf deutscher Seite in dem vierwöchigen Kampf etwa 400 und auf sowjetischer Seite rund 1.000 Mann.

Der ehemalige Kommandeur des SS-Fallschirmjäger-Bataillons 600 erinnert sich:
"Wir kamen in den Brückenkopf etwa am 1. Februar 1945. Stellungen lagen um Niederkränig/Grabow. Bataillonsgefechtsstand Hohenkränig. Aufklärung wurde weitgehendst betrieben. Deshalb auch die Verlegung der 3. Kompanie unter SS-Obersturmführer Marcus nach Königsberg, weil wir den Ort feindfrei fanden. Der Brückenkopf wurde über Grabow dann erweitert, längs der Straße Grabow – Königsberg. SS-Untersturmführer Gerullis, der u. a. den ewig unter Beschuss liegenden Kirchturm in Grabow abgesprengt hatte, hat mit seinen Leuten alles vermint in Grabow und zwar so, dass der Gegner bei Besetzung der Ortschaft – nach Sprengung der Brücke über die Oder – tagelang seine „Freude" gehabt haben wird!"

Die Härte der Kämpfe mit der zahlen- und materialmässigen, unglaublichen Unterlegenheit der deutschen Verteidiger, führten in den Tagen vom 1. Februar bis 1. März 1945 zu zahlreichen Taten, die schließlich mit der Verleihung des Deutschen Kreuzes in Gold gewürdigt wurden. So erhielten drei Soldaten – hauptsächlich für Ihren Einsatz im Brückenkopf Schwedt – Ende März 1945 diese hohe Tapferkeitsauszeichnung:
- SS-Hauptsturmführer Hunke als Führer der SS-Kampfgruppe „Solar"
- SS-Hauptsturmführer Milius als Führer des SS-Fallschirmjäger-Bataillons 600
- SS-Obersturmführer Marcus, als Führer der 3. /SS-Fallschirmjäger-Bataillons 600.

In dem Verleihungsvorschlag für SS-Hauptsturmführer Hunke beschrieb SS-Obersturmbannführer Skorzeny bereits am 20. Februar 1945 in seiner Eigenschaft als Führer der Division „Schwedt" die Verhältnisse bei der Verteidigung des Brückenkopfes:
"Hunke ist seit dem 3. Februar 1945 der ständige Vertreter des Divisionskommandeurs in der militärischen Führung im Brückenkopf Schwedt. Es ist im wesentlichen sein Verdienst, dass der Brückenkopf gehalten, erweitert und in der jetzigen Form befestigt werden konnte. Dabei ist zu berücksichtigen, dass ihm nur zwei geschlossenen SS-Bataillone zur Verfügung stehen, während alle anderen Bataillone von Soldaten aller Wehrmachtsteile gebildet wurden, die aus den zurückgehenden Splittern aufgefangen und raschest neu gebildet wurden, daher anfangs geringen Kampfwert und Kampfmoral hatten. Hunke hat durch unermüdlichen persönlichen Einsatz und durch sein Beispiel es bald verstanden alle Schwierigkeiten zu überwinden. Dadurch hat er ein wesentliches Verdienst an dem Aufbau und Festigung des Brückenkopfes Schwedt. Diese Tatsachen müssen als Führungsleistungen besonderer Art anerkannt werden."

Stellungen an der Oder.

Brückenkopf Zehden

Nachdem die Heeresgruppe „Weichsel" bereits am 27. Februar 1945 angeordnet hatte, den Brückenkopf Schwedt baldmöglichst zu räumen, marschierte das SS-Fallschirmjäger-Bataillon 600 am 2. März 1945 in einer Stärke von rund 500 Mann nach Heinersdorf. Hier folgte die bereits geplante Zusammenlegung mit dem SS-Jagdverband „Mitte" zur sog. SS-Kampfgruppe „Solar"[44] mit folgender Gliederung:

Kommandeur:	SS-Hauptsturmführer Milius
I. Btl. (SS-Fsch.Jg.Btl. 600)	SS-Obersturmführer Leifheit
II. Btl. (SS-Jagdverband „Mitte")	SS-Hauptsturmführer Fucker
schwere SS-Infanteriegeschütz-Kp.	SS-Obersturmführer Reiche
SS-Sturm-Kompanie	SS-Obersturmführer Schwerdt
SS-Nachrichten-Kompanie	SS-Untersturmführer Mussler
SS-Scharfschützen-Zug	SS-Untersturmführer Wilscher
SS-Versorgungs-Kompanie	

Am 5. März 1945 übernahm die Division z. b. V. 610[45] die Stellungen der 1. Marine-Division (Generalmajor Bleckwenn), die eigentlich die 9. Fallschirmjäger-Division ablösen sollte. Hierzu wurde dem Divisionskommandeur, Generalleutnant Lendle[46], die SS-Kampfgruppe „Solar" unterstellt. Diese erhielt den Befehl, den Brückenkopf Zehden von den Marineinfanteristen zu übernehmen. Unter gleichzeitigem Angriff auf eine exponierte Höhe vor dem Brückenkopf, die der Roten Armee als Beobachtungspunkt diente, vollzog sich am 6. März 1945 der Wechsel der Brückenkopfbesatzung. Der damalige Bataillonskommandeur Milius erinnerte sich:

„Die Trennungslinie zwischen beiden Bataillonen verlief etwa vom Bahnhof Alt-Cüstrinchen über Hühnerpfühle – Grüneberg. Mein Gefechtsstand lag ostwärts der Oder zwischen Alt-Cüstrinchen und dem Bahnhof. Die Gefechtsstände der Fallschirmjäger in Alt-Cüstrinchen und Jagdverband „Mitte" in Niederwutzen. Ein willkommenes Wunder war die schwere Infanterie-Geschütz-Kompanie unter SS-Obersturmführer Reiche, die uns unterstellt war. So hatten wir immerhin beim SS-Fallschirmjäger-Bataillon 600 vier Fallschirmjäger-Geschütze 7,5 cm und jetzt noch sechs weiterreichende 15 cm Infanterie-Geschütze. Zwei davon zogen wir in den Brückenkopf, die übrigen vier blieben westlich der Oder in Stellung. Zur Pan-

---

[44] Die Bezeichnung „Solar" war die Tarnbezeichnung von SS-Obersturmbannführer Skorzeny während der Vorbereitungen der Ardennenoffensive.
[45] Die Division z. b. V. 610 führte daneben das:
I. /SS-Polizei-Regiment 50
I. /SS-Polizei-Regiment 8 (Ungarn)
II. /SS-Polizei-Regiment 8
10. /SS-Polizei-Regiment 8
Volkssturm-Bataillon „Hamburg"
Volkssturm-Bataillon „Königsberg"
[46] Zur Biographie siehe Anlage 5

zerabwehr hatten wir ausserdem drei 7,5 cm Pak, Panzerfäuste, Panzerschreck und später drei Sturmgeschütze."

© Michaelis-Verlag Berlin. November 2004

Am Abend des 6. März 1945 trafen sowjetische Artilleriegranaten eine an der Brücke über die Oder befestigte Sprengladung und zerstörte sie komplett. Damit war der Brückenkopf von den westwärtigen Linien nahezu abgeschnitten. Bis zum 24. März 1945 blieb es vor dem Brückenkopf relativ ruhig. Am nächsten Tag wurde die Rote Armee offensiv und verwandelte die vier mal vier Kilometer große Brückenkopfstellung durch stärkstes Trommelfeuer und Bombenangriffen in eine Kraterlandschaft. Nach einer Stunde traten starke feindliche Panzer- und Infanteriekräfte an, im Verlauf derer vor allem der SS-Jagdverband „Mitte" hohe Verluste erlitt. Am 26.

März 1945 wiederholte der Gegner – nunmehr nach einem zweistündigen Bombardement – den Angriff. Wie am Vortage, konnte die Angehörigen der SS-Kampfgruppe „Solar", wenn auch unter hohen materiellen und personellen Verlusten, den Angreifer abwehren. Als am nächsten Tag – dem dritten Grosskampftag in Folge –, die Lage unhaltbar wurde, ordnete SS-Hauptsturmführer Milius in der Nacht zum 28. März 1945 eigenverantwortlich die Aufgabe des Brückenkopfes an. Hierdurch entzog er seine Kampfgruppe der sicheren Vernichtung – und kam in eine prekäre Situation: da er die Brückenkopfstellung ohne übergeordneten Befehl aufgab, konnte dies entweder das Ritterkreuz oder ein Kriegsgerichtsverfahren bedeuten. Er bekam keines von beiden, sondern die Beförderung zum SS-Sturmbannführer sowie vom Oberbefehlshaber der Heeresgruppe „Weichsel" am 28. März 1945 eine schriftliche Anerkennung:

„Die von SS-Sturmbannführer Milius geführte Kampfgruppe hat sich im Zehdener Brückenkopf mit grosser Tapferkeit geschlagen und ihren Auftrag, soweit es die Verhältnisse erlaubten, standhaft durchgeführt. Ich spreche den tapferen Führern und Männern meine besondere Anerkennung aus."

Über Hohenwutzen marschierte die SS-Kampfgruppe „Solar" zur Auffrischung in den Raum Oderberg. Hier wurde Anfang April 1945 das bisherige I. Bataillon – der SS-Jagdverband „Mitte" – aus dem Verband genommen und über Staaken nach Deisendorf in die Alpenfestung befohlen. Nachdem die Führung versuchte, in der Agonie des untergehenden Reiches, Auflösungserscheinungen durch drakonische Strafen zu verhindern, kam es in der Ruhestellung zu einzelnen Standgerichturteilen.. Ein ehemaliger Angehöriger erinnert sich:

„Ein Kamerad von uns wurde Ende März oder Anfang April 1945 auf die Anzeige einer älteren Frau in Oderberg auf dem Marktplatz wegen Plünderns öffentlich gehängt. Das Urteil wurde wahrscheinlich vom Kriegsgericht der Korpsgruppe „G" Angermünde ausgesprochen. Er hatte eine kleine Halskette, Wert vielleicht 2,- Reichsmark, in der Tasche gehabt..."

Ein anderer Angehöriger des SS-Fallschirmjäger-Bataillons 600 erinnert sich ebenfalls an eine Todesstrafe:

„In dem geräumten Oderberg, wurde auf Grund eines unsinnigen Befehles, ein junger SS-Mann, der ein paar Gläser eingemachte Erdbeeren organisiert hatte, von der Feldpolizei festgenommen, vom Sondergericht verurteilt und gehängt."

Brückenkopf Eberswalde

Die Rote Armee hätte vermutlich bereits im Februar 1945 mit ersten Panzerverbänden in Berlin sein können. Sie hielt jedoch an der Oder und führte zunächst den dringend notwendigen Nachschub zu, der auf Grund des rasanten Vormarsches seit Mitte Januar 1945 zu stocken begonnen hatte. Auf deutscher Seite wurde die Zeit genutzt, um die Oderfront mit Stellungen und Verbänden aufzubauen. Beides gelang nur dürftig. Das Deutsche Reich war am Ende jeglicher einsatzfähiger Ressourcen. Aus – in den vorangegangenen Kämpfen – zerschlagenen Truppen und überhastet mit Volkssturm, unausgebildeten Rekruten und Genesenden gebildeten Alarmeinheiten, wurden nominelle Verbände aufgestellt, die meist über keine Kampfkraft mehr verfügten. Die Gliederung der Heeresgruppe „Weichsel" vor der sowjetischen Großoffensive sah daher nur auf dem Papier beeindruckend aus:

3. Panzer-Armee mit
    Verteidigungsbereich „Swinemünde":
        Seekommandant „Swinemünde"
        Division z. b. V. 402
        3. Marine-Division
    XXXII. Armee-Korps mit
        Gruppe „Ledebur"
        549. Volks-Grenadier-Division
        281. Infanterie-Division
    Oderkorps:
        Division z. b. V. 610
        Gruppe „Wellmann"
    XXXXVI. Panzer-Korps:
        547. Volks-Grenadier-Division[47]
        1. Marine-Division
    zur Verfügung:
        III. (germanisches) SS-Panzer-Korps:
        11. SS-Freiw.-Panzergrenadier-Division „Nordland"
        K.Gr. /23. SS-Freiw.-Panzergrenadier-Div. „Nederland"
        SS-Kampfgruppe „Solar"
        SS-Divisionsgruppe „Müller"
            (Teile 27./28.SS-Freiw.-Grenadier-Division)
        18. Panzer-Grenadier-Division
        4. SS-Polizei-Panzer-Grenadier-Division

---

[47] Bei der 547. Volks-Grenadier-Division handelte es sich wie bei den meisten Verbänden, um eine schnell formierte Truppe, die aus dem Panzer-Grenadier-Regiment „Oder" und dem Waffen-Grenadier-Regiment der SS (rumänisches) bestand. Kampfkraft: praktisch keine!

9. Armee mit
> CI. Armee-Korps:
>> 5. Jäger-Division
>> Divisionsstab 606 z. b. V.[48]
>> Infanterie-Division „Berlin"[49]
>
> XI. SS-Panzer-Korps:
>> 9. Fallschirmjäger-Division
>> 20. Panzer-Grenadier-Division
>> Infanterie-Division „Döberitz"[50]
>> 169. Infanterie-Division
>> 712. Infanterie-Division[51]
>
> Festung Frankfurt[52]
> V. SS-Freiwilligen-Gebirgs-Korps
>> 286. Infanterie-Division[53]
>> 32. SS-Freiw.-Grenadier-Division „30. Januar"[54]
>> Divisionsstab z. b. V. 391[55]
>
> zur Verfügung:
>> 25. Panzergrenadier-Division[56]
>> Panzer-Division „Müncheberg"[57]
>> Panzergrenadier-Division „Kurmark"[58]
>> 600. Infanterie-Division (russische)

Als am 16. April 1945 die bereits erwartete sowjetische Großoffensive begann, lag der Schwerpunkt zunächst im Bereich der 9. Armee. Die an Zahl und Ausstattung stark unterlegenen deutschen Verbände konnten dem Ansturm wenig entgegensetzen. Bis zum 18. April 1945 gelang es der 1. Weißrussischen Front die deutschen Abwehrstellungen – vor allem an den verschiedenen Korpsgrenzen – zu durchzustoßen. Die Lage verschlechterte sich so rapid, dass die beiden Divisionen des zur Verfügung der 3. Panzer-Armee im rückwärtigen Gebiet liegenden III. (germanische) SS-Panzer-Korps alarmiert und in den Raum des LVI. Panzer-Korps resp. des XI. SS-Panzer-Korps kommandiert wurden.[59]

---

[48] Kampfstärke lt. Meldung vom 17. März 1945: 4.460 Mann
[49] Kampfstärke lt. Meldung vom 17. März 1945: 5.889 Mann
[50] Kampfstärke lt. Meldung vom 17. März 1945: 3.474 Mann
[51] Kampfstärke lt. Meldung vom 17. März 1945: 3.699 Mann
[52] Kampfstärke lt. Meldung vom 17. März 1945: 9.039 Mann
[53] Kampfstärke lt. Meldung vom 17. März 1945: 3.266 Mann
[54] Kampfstärke lt. Meldung vom 17. März 1945: 2.846 Mann
[55] Kampfstärke lt. Meldung vom 17. März 1945: 3.618 Mann
[56] Kampfstärke lt. Meldung vom 17. März 1945: 5.196 Mann
[57] Kampfstärke lt. Meldung vom 17. März 1945: 2.867 Mann
[58] Kampfstärke lt. Meldung vom 17. März 1945: 2.375 Mann
[59] Vgl. Michaelis, Rolf: Die 11.SS-Freiwilligen-Panzer-Grenadier-Division „Nordland", Berlin 2001

Um das III. (germanische) SS-Panzer-Korps wieder zu verstärken, erhielt die – am 13. April 1945 aus Hela nach Swinemünde evakuierte und bei Heringsdorf versammelte – 4. SS-Polizei-Panzer-Grendier-Division, den Verlegungsbefehl in den Raum Eberswalde. Pläne, die etwa 5.000 Mann starke Division mit den nur regimentsstarken Resten der 23. SS-Freiwilligen-Panzer-Grenadier-Division „Nederland" zusammenzulegen, konnten auf Grund der sich überschlagenden Ereignisse nicht durchgeführt werden.[60]

Um einen vorauszusehenden sowjetischen Durchbruch abzufangen, beauftragte die Heeresgruppe „Weichsel" den Kommandierenden General des III. (germanischen) SS-Panzer-Korps, SS-Obergruppenführer und General der Waffen-SS Steiner, an der Naht zwischen 3. Panzer-Armee und 9. Armee zwischen Liebenwalde und Oderberg Stellungen zu beziehen. Hierzu wurden die Reste der 4. SS-Polizei-Panzer-Grenadier-Division neugegliedert und in SS-Kampfgruppe „Harzer" umbenannt. Neben der Zuführung zahlreicher Wehrmachteinheiten, wurde auch das SS-Fallschirmjäger-Bataillon 600 in die neue Kampfgruppe integriert. Die SS-Fallschirmjäger bildeten dabei im schwachen – durch Abgaben des SS-Feldersatz-Regiments 103 verstärkten – SS-Polizei-Panzer-Grenadier-Regiment 7 (SS-Obersturmbannführer Prager[61]) das dritte Bataillon.

Während das neuformierte SS-Polizei-Panzer-Grenadier-Regiment 7 als erster Truppenteil der SS-Kampfgruppe „Harzer" in den Raum Eberswalde marschierte, gelang es der Roten Armee an der Naht zwischen CI. Armee-Korps und LVI. Panzer-Korps in Richtung Bernau durchzubrechen. Die Truppen des CI. Armee-Korps (25. Panzergrenadier-Division, 5. Jäger-Division, SS-Panzerjäger-Abteilung 560 und Sturmgeschütz-Brigade 184[62]) wurden nördlich in den Raum Eberswalde zurückgedrängt und bezogen zusammen mit dem dort eintreffenden SS-Polizei-Panzer-Grenadier-Regiment 7 südlich des Finow-Kanals eine Brückenkopfstellung, aus welcher sie wieder nach Süden zum LVI. Panzer-Korps antreten sollten.

---

[60] Die 23. SS-Freiwilligen-Panzer-Grenadier-Division „Nederland" bestand damals nur aus dem – sich im Raum westlich Stettin in Neuaufstellung befindlichen – SS-Freiwilligen-Panzer-Grenadier-Regiments 48, einem Bataillon des SS-Freiwilligen-Panzer-Grenadier-Regiments 49, des SS-Freiwilligen-Artillerie-Regiments 54 sowie Resten weiterer Divisonstruppen. Der Oberbefehlshaber des PzAOK 3, General der Panzertruppen von Manteuffel bewertete den Kampfwert des Verbandes am 26. März 1945 mit:
„Die Division ist praktisch nur eine verstärkte Regimentsgruppe, infanteristische Kampfkraft zur Zeit praktisch zerschlagen, bedarf einer vollständigen Neuaufstellung. Zeitpunkt der Beendigung der Auffrischung zur Zeit nicht zu übersehen, daher nur für Abwehr geeignet, Kampfwert IV."
[61] Otto Prager war am 3. Dezember 1912 in Plauen geboren worden und erhielt am 9. Dezember 1944 als SS-Sturmbannführer und Führer des SS-Polizei-Panzer-Grenadier-Regiments 7 das Ritterkreuz des Eisernen Kreuzes verliehen. Er fiel vermutlich am 29. April 1945 bei den schweren Kämpfen in Neubrandenburg.
[62] Am 7. April 1945 meldete die Sturmgeschütz-Brigade 184 eine Ausstattung von 23 Sturmgeschützen III und 8 Sturm-Haubitzen 42.

Ein Befehl, der nicht mehr realisiert werden konnte. Das LVI. Panzer-Korps war bereits auf den Raum Blumberg abgedrängt worden – der Gegner durch die Frontlücke weit nach Westen gestossen. Um die immer längerwerdende Südflanke der 3. Panzer-Armee abzudecken, befahl die Heeresgruppe „Weichsel" am 21. April 1945 das III. (germanische) SS-Panzerkorps zur Armeegruppe „Steiner" zu vergrössern und die Linie Spandau – Oranienburg – Finowfurt zu beziehen. Hierzu wurde u. a. die 3. Marine-Division von Wollin nach Zehdenick kommandiert. Die SS-Kampfgruppe „Harzer", die eigentlich dem SS-Polizei-Panzer-Grenadier-Regiment 7 (mit SS-Fallschirmjäger-Bataillon 600) in den Brückenkopf Eberswalde – CI. Armee-Korps – folgen sollte, wurde ebenfalls in den Raum Oranienburg kommandiert. Somit war die SS-Kampfgruppe „Harzer" aufgeteilt im Einsatz.

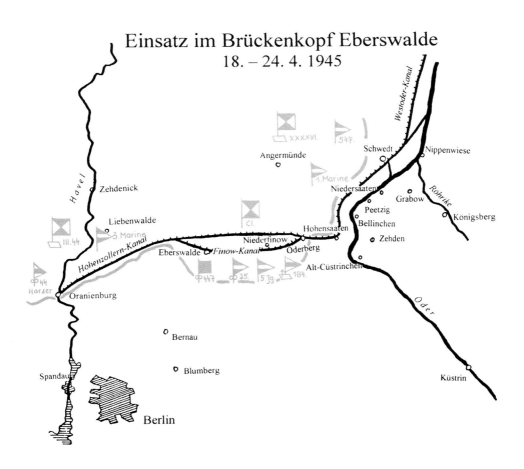

Das schnelle Vorstossen der gegnerischen Verbände sowie die kräftemässige deutsche Unterlegenheit, ließen die deutsche Führung von dem geplanten Angriff in die Flanke der Roten Armee absehen. Um Kräfte und Material zu schonen, durfte das CI. Armee-Korps den Brückenkopf Eberswalde aufgeben. Am 23. /24. April 1945 zogen sich die Einheiten auf das Nordufer des Hohenzollern-Kanals zurück. Die freiwerdenden Kräfte – 25. Panzergrenadier-Division sowie SS-Polizei-Panzer-Grenadier-Regiment 7 – sollten dabei sofort dem, sich in schweren Kämpfen bei Oranienburg befindlichen, III. (germanischen) SS-Panzer-Korps zugeführt werden. Wie so häufig, überholten die Tatsachen die Befehle schnell. Auf Grund des sowjetischen Durchbruchs durch die Randow-Stellung in Mecklenburg-Vorpommern erhielten die beiden Truppenverbände den sofortigen Marschbefehl zum XXXXVI. Panzer-Korps.

Letzte Kämpfe in Mecklenburg-Vorpommern

Ab 20. April 1945 war die 2. Weißrussische Front mit 49., 70. und 65. Armee südlich Stettin offensiv geworden. Unterstützt durch schwere Artillerie und massive Luftangriffe, gelang es den kräftemässig weit überlegenen gegnerischen Verbänden über die Oder zu setzen und nach Westen vorzustossen. Die deutschen Verbände des XXXII. Armee-Korps, des Oderkorps sowie des XXXXVI. Panzer-Korps leisteten teilweise erbitterten Widerstand. So konnte die Rote Armee in fünf Grosskampftagen nur rund 20 km vorstossen. Dann jedoch war die geordnete Abwehr und der Zusammenhalt zerfallen. Die Truppen der 2. Weißrussischen Front konnten am 25. April 1945 die sog. Wotan-Stellung entlang des Randow-Bruches ohne ernsthafte Gegenwehr überschreiten. Um die Front hier zu stabilisieren, erhielt die 25. Panzergrenadier-Division sowie das SS-Polizei-Panzergrenadier-Regiment 7 mit unterstelltem SS-Fallschirmjäger-Bataillon 600 den sofortigen Verlegungsbefehl zum XXXVI. Panzer-Korps.

Als erster Verband traf am 26. April 1945 das SS-Polizei-Panzergrenadier-Regiment 7 über Prenzlau zur Abriegelung des Feindeinbruches in der Linie Grünow – Baumgarten ein. Die SS-Männer, die zusammen mit den Resten der SS-Kampfgruppe „Langemarck"[63] Prenzlau verteidigen sollten, konnten weder die Einnahme der Stadt am nächsten Tag noch den weiteren Vormarsch der Roten Armee aufhalten. Die ohnehin improvisiert geformte 3. Panzer-Armee war zerschlagen worden. Die Truppen der Korps hatten nur noch etwa 10 % der Sollstärke! Der Oberbefehlshaber der 3. Panzer-Armee, General der Panzertruppen Manteuffel, beschrieb den Zustand am 27. April 1945 sehr plastisch:

---

[63] So kämpfte z. B. das aus dem sog. Jugendbataillon geformte II. /SS-Freiwilligen-Grenadier-Regiment 67 am Flughafen Prenzlau.– vgl. dazu: Michaelis, Rolf: Die Grenadier-Divisionen der Waffen-SS – Band II – Erlangen 1995

„Völlige Auflösung der Verbände „Langemarck", „Wallonien", 1. Marine-Division und der gesamten Flak-Abteilungen, soweit sie ohne oder mit Verschulden ihre Waffen verloren haben. Ich habe solche Bilder wie heute noch nicht einmal 1918 gesehen. Von Divisionen „Langemarck" und 1. Marine-Division nur noch die tapferen Kommandeure und einige Leute, soweit sie sie mit Stimme und Herz beherrschen..."

Da ihm klar war, dass die sog. Ueckerstellung nicht zur Verteidigung bezogen werden konnte, ordnete Manteuffel am gleichen Tag die Besetzung der sog. Feldberg-Stellung an. Hier beabsichtigte er die Verteidigung wieder in geordnetere Bahnen zu lenken. Die sich inzwischen im Anmarsch befindliche 25. Panzergrenadier-Division sollte dies zusammen mit der ebenfalls in den Raum Neustrelitz kommandierten 7. Panzer-Division unterstützen.

Das XXXXVI. Panzer-Korps bezog hierbei am 28. April 1945 zwischen Strasburg und Lychen Stellungen. Von links nach rechts standen die Reste der
    281. Infanterie-Division
    Kampfgruppe/28. SS-Freiwilligen-Grenadier-Division „Wallonien"
    SS-Pol.-Panzergrenadier-Regiment 7 mit SS-Fallschirmjäger-Bataillon 600
    Panzerausbildungsverband Ostsee
    1. Marine-Division
    Kampfgruppe/27. SS-Freiwilligen-Grenadier-Division „Langemarck"

in der durch Seen unterbrochenen Front. Als zwei sowjetische Panzer-Korps brachen zwischen den Seen bei Feldberg und Fürstenwerder auf einer Frontbreite von ca. 3 Kilometern angriffen, war diese Feldberg-Stellung auch bereits wieder Geschichte.

In weiterer Auflösung begriffen, marschierten die Reste deutscher Verbände weiter nach Westen. Das XXXXVI. Panzer-Korps bezog am 29. April 1945 die Linie von Neubrandenburg über den Tollensee bis nach Neustrelitz. Verstärkt durch die 25. Panzergrenadier-Division und 7. Panzer-Division sollten der Zivilbevölkerung sowie den zerschlagenen Truppen der Weg zur Elbe gesichert werden.

Noch am selben Tag gelang es der Roten Armee in Neubrandenburg einzudringen. Hier standen Reste der 281. Infanterie-Division (Oberst Schmid) sowie dem SS-Polizei-Panzer-Grenadier-Regiment 7 (einschließlich der SS-Fallschirmjäger) unter dem Kommando des zerschlagenen Divisionsstab z. b. V. 610 (Oberst Fullriede). Seit diesen Kämpfen gilt SS-Obersturmbannführer Prager als vermißt; SS-Sturmbannführer Milius übergab sein Bataillon an SS-Obersturmführer Leifheit und übernahm die Reste des SS-Polizei-Panzergrenadier-Regiments 7. Während es in Neu-

brandenburg[64] sowie in Neustrelitz zu schwersten Kämpfen kam und beide Orte von dem Feind erobert werden konnten, erhielt die Heeresgruppe „Weichsel" vom Chef des Oberkommandos der Wehrmacht, Feldmarschall Keitel, einen vollkommen an der Realität vorbeigehenden Befehl:
„*Aufgabe der Heeresgruppe Weichsel ist es, unter Festhalten der Süd- und Ostfront den in Richtung Neubrandenburg durchgebrochenen Feind mit allen verfügbaren Kräften anzugreifen und zu schlagen.*"

Der Sinnlosigkeit dieses Befehls bewußt, versuchten die vorgesetzten Kommandostellen jedoch ihre Truppen so weit wie möglich, der sowjetischen Kriegsgefangenschaft zu entziehen und über die Demarkationslinie nach Westen zu führen. Am 30. April 1945 erreichten die Truppen des XXXXVI. Panzer-Korps (Reste 25. Panzer-Grenadier-Division, 281. Infanterie-Division, 7. Panzer-Division und Splitter der 27., 28. und 33. SS-Division sowie des SS-Polizei-Panzer-Grenadier-Regiments 7) die Linie Malchin – Waren. Zusammen mit zahlreichen Flüchtlingstrecks zogen sich die Einheiten am 1. Mai 1945 nach Karow zurück. Am 2. Mai 1945 marschierten die verbliebenen 180 SS-Fallschirmjäger unter der Führung des Kommandeurs SS-

---

[64] Neubrandenburg wurde durch die Kämpfe zu 80 % zerstört!

Sturmbannführer Milius in US-Kriegsgefangenschaft. Damit hatte das SS-Fallschirmjäger-Bataillon 600 im Rahmen des SS-Polizei-Panzer-Grenadier-Regiments 7 von den ersten Kämpfen bei Prenzlau am 26. April 1945 bis 2. Mai 1945 über 200 km zurückgelegt.

Hiermit endete der eineinhalbjährige Kriegseinsatz des SS-Fallschirmjäger-Bataillons. Obwohl sich die teils mystischen Vorstellungen Himmlers des Dezember 1941 – einen „Verlorenen Haufen" zu bilden – nicht mehr unmittelbar auf die Aufstellung des SS-Fallschirmjäger-Bataillons auswirkten, glich der erste Einsatz trotzdem dem eines „Verlorenen Haufens". Die rund 850 eingesetzten SS-Fallschirmjäger hatten ca. 650 Mann Verluste. Bis Kriegsende konnte das Bataillon, das bei der Aufstellung eine Stärke von 1.140 Mann hatte, nicht mehr auf Sollstärke gebracht werden. Im Laufe des Sommers 1944 als „Feuerwehr" an bedrohten Frontabschnitten eingesetzt, betrug die Stärke immer nur rund 200 – 300 Mann, da nach der Aufstellung keine weitere Welle von Bewährungsschützen eingezogen wurde. Vielmehr folgte zum 1. Oktober 1944 das offizielle Ende der Bewährungsformation und Umbezeichnung der Einheit in SS-Fallschirmjäger-Bataillon **600**. Durch angeworbene Angehörige der Wehrmacht verstärkt, verfügte das Bataillon im November 1944 wieder über 658 Mann und war damit einsatzbereit. Es folgte – den SS-Jagdverbänden unterstellt – ein partieller Einsatz bei der Ardennenoffensive und schließlich äußerst verlustreiche Kämpfe in drei Brückenköpfen an der Oder gegen einen vielfach überlegenen Feind. Die Motivation der SS-Fallschirmjäger führte zu einem Truppenteil, der sich von der Masse der deutschen Wehrmacht und der Waffen-SS absetzte.

Diese bei Hagenow gefundenen rund 180 Fallschirmspringerhelme stammen vermutlich vom SS-Fallschirmjäger-Bataillon 600

… Anlage 1

Anlagen

Chronologie

06.09.43-00.12.43	Aufstellung und Infanterie-Ausbildung in Chlum
00.12.43-18.03.44	Verlegung nach Mataruschka-Banja und Fallschirmspringer-Ausbildung in Kraljevo (Serbien)
28.03.44	Umbenennung in SS-Fallschirmjäger-Bataillon **500**
19.03.44-05.04.44	Teilnahme am Unternehmen „Margarethe"
06.04.44-25.04.44	Unterkunft in Mataruschka-Banja bei Kraljevo
26.04.44-10.05.44	Teilnahme am Unternehmen „Maibaum"
11.05.44-24.05.44	Unterkunft in Maturuschka-Banja bei Kraljevo
25.05.44-10.06.44	Teilnahme am Unternehmen „Rösselsprung"
11.06.44-29.06.44	Auffrischung in Laibach
30.06.44-04.07.44	Verlegung nach Gotenhafen
05.07.44-09.07.44	OKW-Reserve in Wesenberg/Estland
11.07.44-15.09.44	Abwehrkämpfe in Litauen
16.09.44-27.09.44	Korpsreserve in Schaulen
01.10.44 (m.W.v.)	Umbenennung in SS-Fallschirmjäger-Bataillon **600**
28.09.44-00.10.44	Verlegung im Lufttransport nach Wien
15.10.44-00.10.44	Teilnahme am Unternehmen „Panzerfaust"
00.10.44-30.01.44	Auffrischung in Neustrelitz
10.11.44 (m.W.v.)	Unterstellung unter die SS-Jagdverbände
00.11.44-15.01.45	Verlegung der 1. Kompanie nach Grafenwöhr zur Aufstellung der Panzer-Brigade 150 und Teilnahme an der Ardennenoffensive ab 16.12.44
01.02.45-02.03.45	Einsatz im Brückenkopf Schwedt
05.03.45-28.03.45	Einsatz im Brückenkopf Zehden
29.03.45-17.04.45	Auffrischung im Raum Oderberg
18.04.45-25.04.45	Einsatz im Brückenkopf Eberswalde
26.04.45-01.05.45	Rückzugskämpfe bei Prenzlau – Neubrandenburg
02.05.45	Gefangenschaft bei Hagenow

Anlage 2
Stellenbesetzung und Feldpostnummern

Leider ist es durch fehlende Unterlagen nicht möglich, eine durchgehende Stellenbesetzung der Kompanieführer zu geben. Die hier aufgeführten Namen spiegeln den Stand vom Herbst 1944 wieder.

00.09.43-00.04.44	SS-Sturmbannführer Gilhofer
00.04.44-25.05.44	SS-Hauptsturmführer Rybka
00.05.44-26.04.45	SS-Hauptsturmführer Milius
27.04.45-02.05.45	SS-Obersturmführer Leifheit (m.d.F.b.)
1. Kompanie	SS-Obersturmführer Leifheit
2. Kompanie	SS-Obersturmführer Scheu
3. Kompanie	SS-Obersturmführer Marcus
4. Kompanie	SS-Obersturmführer Droste
Feldpostnummer 15 814	SS-Fallschirmjäger-Bataillon
Feldpostnummer 28 933	SS-Fallschirmjäger-Feldausbildungskompanie

Anlage 3
Uniformen und Ausrüstung[65]

Im Dezember 1943 erhielten die Angehörigen des SS-Fallschirmjäger-Bataillons für die Sprungausbildung (Fallschirm RZ 20) an der Fallschirmspringerschule III in Kraljevo erstmals die Sonderbekleidung für Fallschirmjäger. Bis zum Kriegsende wurde diese getragen, wobei die einzige Modifikation war, dass nach Verschleiß keine speziellen Fallschirmspringer-Stiefel ausgegeben wurden. Interessant ist der Umstand, dass auf dem Helm als auch dem „Knochensack" die Abzeichen der Luftwaffe beibehalten wurden.

Die SS-Männer trugen zu ihrer gewöhnlichen Feldbluse, die bei den Bewährungsschützen keine Dienstgradabzeichen sowie keine SS-Kragenspiegel sondern zwei einfache schwarze Spiegel zeigte, eine spezielle feldgraue Fallschirmjäger-Hose. Die mit Drillich oder Kunstseide gefütterte Hose hatte vorne zwei Taschen sowie eine Uhrentasche und hinten zwei Gesäßtaschen; eine davon für Verbandpäckchen. Alle Tasche hatten Patten – die vorderen mit Druck-, die hinteren mit Kunststoffknöpfen. In Höhe des Knie waren auf jeder Außenseite Schlitze mit je drei Druckknöpfen eingearbeitet, um die Gummikniepolster nach der Landung abnehmen zu können. Am rechten Hosenbein war zudem eine kleine Tasche mit zwei Druckknöp-

---
[65] Vgl. hierzu: Michaelis, Rolf: Die Waffen-SS: Uniformen und Abzeichen, Berlin 2001

fen für das Fallschirm-Kappmesser vorhanden. Die Beinenden schlossen mit Zugbändern ab, mit denen die Hose im sog. Überfall über den Schuhen getragen werden konnte.

Über der Feldbluse wurde der Knochensack – 1. Modell in Grau oder 2. Modell in Splittertarnung – der Luftwaffe (einschließlich des Luftwaffenadlers auf der rechten Brustseite) getragen. Dieser war aus Drillichstoff gefertigt und partiell mit beigem Baumwollstoff oder auch Kunstseide gefüttert. Die mit einem Reißverschluss zu schließende Jacke reichte bis zur Mitte der Oberschenkel und wurde für den Sprungeinsatz um die Beine geschlagen und dort mit Druckknöpfen fixiert. Die beiden schräg sitzenden Brusttaschen sowie die beiden horizontalen Taschen an der Taille waren mit Reißverschlüssen versehen. Auf der Rückseite befand sich rechts eine aufgenähte Tasche für eine Signalpistole und links eine Schlaufe für den Stiel des Klappspatens.

Bei dem Helm handelte es sich um den Fallschirmjägerhelm der Luftwaffe Modell 1936. Dieser unterschied sich vom normalen Wehrmachtshelm durch die verkürzten, umgebördelten Schirmränder. Das Schweissleder hatte 12 runde Entlüftungslöcher und war mit einem Leichtmetallring und vier sog. Linsenkopfschrauben á sechs Millimeter Durchmesser (je eine seitlich und zwei hinten) am Stahlhelm befestigt. Zwischen Innenleder und Helm waren sieben Schwammgummipolster als mögliche Stoßdämpfung eingesetzt. Die graublauen Verschlußriemen aus Ziegenleder, die mit Druckknöpfen sowie einer Metallschnalle verschlossen werden konnten, teilten sich vor den Ohren, so dass je vor und hinter jedem Ohr ein Riemen für einen festen Sitz des Helmes sorgten.

Die SS-Fallschirmjäger erhielten zunächst das zweite Modell der Fallschirmschützen-Stiefel der Luftwaffe. Diese waren höher als die normalen Schnürstiefel, wurden mit 12 Metallösen geschnürt und hatten eine meist unbenagelte Ledersohle. Nach Verschleiß erhielten die Männer normale Schnürstiefel – tlw. sogar die schweren Bergstiefel!

Wie bereits erwähnt, trugen die Männer des SS-Fallschirmjäger-Bataillons bis Kriegsende die Sonderbekleidung der Luftwaffe, ohne eine Modifikation mit den Abzeichen der Waffen-SS – Sig-Runen am Helm oder Hoheitsadler auf dem linken Oberarm. Die in den letzten Jahren wiederholt aufgetauchten Knochensäcke im sog. Erbsen-Tarnmuster der Waffen-SS lassen die Frage nach Originalität daher offen.

Anlage 4

Fallschirmschützenabzeichen des Heeres

Am 1. September 1937 hatte der Oberbefehlshaber des Heeres, Generaloberst Freiherr von Fritsch, das Fallschirmschützenabzeichen des Heeres für die Angehörigen des Fallschirm-Infanterie-Bataillons des Heeres gestiftet. Es konnte an diejenigen verliehen werden, die sechs Sprünge absolviert hatten. Für das Weitertragen des Leistungsabzeichens sollten jedes Jahr zumindest sechs weitere Fallschirmsprünge gemacht werden.

Das auf der linken Brustseite zu tragende, ca. 43 x 55 mm grosse Abzeichen zeigte einen goldfarbenen Eichenlaubkranz mit Heeresadler. Auf dem Kranz war ein nach links stürzender silberfarbener Adler aufgenietet. Bis 1942 wurde das Fallschirmschützen-Abzeichen des Heeres aus Leichtmetall gefertigt und rückseitig mit dem Namen des Beliehenen sowie der Verleihungsnummer graviert. Ab 1942 folgte die Fertigung in Feinzink.

Im Rahmen des SS-Fallschirmjäger-Bataillons erhielten nach der Ausbildung an der Fallschirmspringerschule III nur die nicht vorbestraften Angehörigen das Fallschirmschützenabzeichen verliehen. Den Bewährungsschützen blieb die Verleihung des Leistungsabzeichens genauso versagt, wie die generelle Beleihung mit Tapferkeitsauszeichnungen. Mit ihrer kriegsgerichtlichen Verurteilung waren den Männern bereits alle bislang verliehenen Auszeichnungen aberkannt worden.

Die Verleihungen der rund 200 Fallschirmschützenabzeichen des Heeres an Angehörige des SS-Fallschirmjäger-Bataillons wurden durch das SS-Führungshauptamt – Inspektion Infanterie vorgenommen.

Vorder- und Rückseite

Anlage 5

Kurzbiografien

Eduard Aldrian wurde am 26. April 1888 in Pola geboren und trat am 18. August 1907 als Fähnrich in den Militärdienst ein. Am 1. November 1911 erhielt er sein Leutnantspatent im k. u. k. Feldkanonen-Regiment 8 und diente nach dem 1. Weltkrieg im österreichischen Bundesheer. Am 1. April 1936 zum Oberstleutnant befördert, kommandierte Aldrian ab 1. August 1938 die Gebirgs-Beobachtungs-Abteilung 38. Am 25. Oktober 1939 übernahm er – seit 1. August 1939 Oberst – das Artillerie-Regiment 619 und am 9. November 1941 das Arko 124. Mit dem Dienstgrad eines Generalmajors (seit 1. September 1942), führte Aldrian ab 1. März 1943 das Harko 308. Zwei Monate nach der Ernennuung zum Generalleutnant am 1. Juni 1943 wurde ihm das Kommando über die 373. Infanterie-Division (kroatische) übertragen. Am 20. Januar 1945 folgte schließlich noch einmal die Führung eines Harko (306). Der mit dem Deutschen Kreuz in Gold ausgezeichnete General verstarb 1955 in Graz.

Fritz Fullriede wurde 1895 geboren und erhielt das Ritterkreuz des Eisernen Kreuzes am 11. April 1943 als Oberstleutnant und Kommandeur der Kampfgruppe „Fullriede" in der 5. Panzer-Armee (Heeresgruppe „Afrika"). Von November 1943 bis Juli 1944 kommandierte Fullriede das Fallschirm-Panzer-Grenadier-Regiment 1 „Hermann Göring". Als Das Oberst und Kampfkommandant der Festung Kolberg wurde ihm als 803. Soldaten am 23. März 1945 das Eichenlaub verliehen. Fullriede verstarb am 13. November 1969.

Herbert Gilhofer wurde am 31. August 1910 in Linz geboren, lernte Buchhalter und trat am 7. Januar 1935 in die SS-Totenkopf-Verbände ein (SS-Nr. 19 639). Ab 24. Juni 1935 Zugführer im II. /SS-Standarte „Deutschland", folgte 1938/39 als SS-Obersturmführer das Kommando über die 12. SS-Reiterstandarte in Schwerin. Am 1. März 1940 zum SS-Hauptsturmführer ernannt, gelangte Gilhofer 1941 im Rahmen der 1. SS-Infanterie-Brigade an die Front. Bis Sommer 1942 wurde Gilhofer dabei mit dem Kriegsverdienstkreuz 2. Klasse mit Schwertern, dem EK II und EK I sowie der Ostmedaille und dem Infanterie-Sturmabzeichen ausgezeichnet. Mit Wirkung zum 30. Januar 1943 erhielt er die Beförderung zum SS-Sturmbannführer. Vom 25. August bis 25. September 1943 nahm Gilhofer an einem Lehrgang an der SS-Panzer-Grenadier-Schule teil und wurde danach zum Führer des neuaufzustellenden SS-Fallschirmjäger-Bataillons ernannt. Am 22. April 1944 übergab Gilhofer das Bataillon an Rybka und gehörte bis 16. Mai 1944 zur Führerreserve des SS-Führungshauptamtes. Dann folgte die Kommandierung zur 10. SS-Panzer-Division „Frundsberg". Hier erhielt der SS-Sturmbannführer am 26. Oktober 1944 noch die Nahkampfspange I. Stufe verliehen.

Nikolaus von Horthy wurde am 18. Juni 1868 in Kenderes (Ungarn) geboren. 1886 trat er in die k. u. k. Kriegsmarine ein und wurde 1907 erster Offizier auf einem leichten Kreuzer. Bei Ausbruch des 1. Weltkrieges kommandierte er zunächst ein älteres Flagschiff und übernahm im Dezember 1914 das moderne und schnelle Kriegsschiff „Novara". Am 1. März 1920 wurde von Horthy – mittlerweile Admiral – zum Reichsverweser des Apolostolischen Königreiches Ungarn ernannt. Am 10. September 1941 verlieh Hitler ihm das Ritterkreuz des Eisernen Kreuzes als Oberbefehlshaber der ungarischen Wehrmacht. Auf Grund seiner Bemühungen um einen Sonderfrieden verhafteten ihn am 3. November 1944 deutsche Truppen. Nach dem Krieg emigrierte von Horthy nach Portugal und starb dort am 9. Februar 1957 in Estoril.

Günther Krappe wurde am 13. April 1893 in Schilde geboren und trat als Fahnenjunker am 26. September 1912 in den Militärdienst ein. Am 12. März 1914 wurde er im Füsilier-Regiment 34 zum Leutnant ernannt. Nach dem 1. Weltkrieg und Verwendung im 100.000 Mann-Heer wurde er am 1. Oktober 1937 als Oberstleutnant (seit 1. August 1936) Kommandeur des III. /Infanterie-Regiments 73. Am 1. April 1939 zum Oberst ernannt, gehörte Krappe bei Ausbruch des Krieges zur Gruppe „Eberhardt" in Danzig. Ab 1. Oktober 1939 war er Militär-Attaché in Budapest und ab 1. Mai 1941 in Madrid. Im Januar 1943 nahm Krappe – seit 1. November 1942: Generalmajor – an einem Divisionsführerlehrgang teil und führte vom 1. Februar 1943 bis 15. Dezember 1944 die 61. Infanterie-Division. Am 1. Oktober 1943 hatte er hierbei die Beförderung zum Generalleutnant erhalten. Es folgte im Januar 1945 ein Lehrgang für Kommandierende Generale und Anfang Februar 1945 Befehl über das Oder-Korps. Bereits eine Woche später wurde der im April 1944 mit dem Ritterkreuz ausgezeichnete Krappe mit der Führung des X. SS-Korps beauftragt.

Hubert Lendle wurde am 28. Februar 1892 in Schöntal geboren und trat als Fahnenjunker am 24. Juli 1911 in den Militärdienst ein. Am 27. Januar 1913 erhielt er sein Patent als Leutnant im Infanterie-Regiment 126. Nach dem ersten Weltkrieg und der Reichswehrzeit, kommandierte er als Oberst (seit: 1. April 1938) die Panzerabwehrtruppen V. 1939 folgte die Übernahme des Infanterie-Ersatz-Regiments 26 und ab 1. Dezember 1939 das Kommando über das Infanterie-Regiment 345. Ende 1940 befehligte Lendle bis 31. März 1942 das Infanterie-Regiment 578. Nach der Ernennung zum Generalmajor am 1. April 1942 kommandierte er die Sicherungs-Division 221. In dieser Dienststellung erreichte ihm am 1. Juni 1943 die Beförderung zum Generalleutnant. Ab 28. Januar 1945 führte er den Divisionsstab z. b. V. 610.

Dr. Alfred Leschinger wurde am 2. Mai 1906 in Böhmisch Tribau geboren und diente nach dem Studium zum Volljuristen Mitte der dreißiger Jahre im tschechischen Heer. Am 1. Januar 1937 wurde er hier zum Leutnant der Reserve ernannt. Am 30. Januar 1940 trat Leschinger mit dem Rang eines SS-Untersturmführers in das SS-Totenkopf-Infanterie-Ersatz-Bataillon II ein (SS-Nr. 351 360). Die Ernennung zum SS-Obersturmführer folgte genau ein Jahr später im SS-Totenkopf-Infanterie-Ersatz-Bataillon I. Von dieser Einheit aus wurde der Jurist am 15. April 1942 zur Nachschubkommandantur der Waffen-SS und Polizei „Russland-Süd" versetzt. Hier erhielt Dr. Leschinger am 21. Juni 1943 den Dienstrang eines SS-Hauptsturmführers der Reserve und zum 13. Januar 1944 die Kommandierung zum SS-Fallschirmjäger-Bataillon als Gerichtsführer. Dr. Leschinger wurde mit dem Kriegsverdienstkreuz II. Klasse ausgezeichnet.

Joachim Marcus wurde am 14. November 1920 in Berlin geboren und trat nach dem Abitur am 1. Oktober 1939 als SS-Mann in die 1. (E) /SS-Standarte „Der Führer" ein (SS-Nr. 311 760). Am 24. Oktober 1939 wurde er zur 2. /SS-Standarte „Der Führer" kommandiert. Als SS-Junker nahm er ab 1. Mai 1941 am 5. Lehrgang an der SS-Junkerschule „Braunschweig" teil. Nach bestandenem Abschluss wurde Marcus am 15. September 1941 zum SS-Standarten-Oberjunker ernannt und zur SS-Division „Reich" versetzt. Am 30. Januar 1942 erhielt er die Beförderungsurkunde zum SS-Untersturmführer und Kommandierung zum SS-Kradschützen-Ersatz-Bataillons. Von hier aus wurde Marcus am 11. Mai 1942 zur SS-Panzer-Abteilung 5 versetzt. Ab 15. September 1942 folgte nach einer Verwundung die Verwendung in der SS-Panzer-Ersatz-Abteilung in Weimar. Eineinhalb Jahre später – am 15. Mai 1944 – wurde Marcus zur SS-Fallschirmjäger-Ausbildungs-Kompanie nach Kraljevo versetzt. Am 28. Novermber 1944 übernahm er die 3. /SS-Fallschirmjäger-Bataillon 600. Der mit dem EK II und EK I sowie dem Verwundetenabzeichen in Silber und dem Panzerkampfabzeichen in Silber beliehenen Marcus wurde am 30. März 1945 mit dem Deutschen Kreuz in Gold beliehen.

Siegfried Milius wurde am 10. Juni 1919 in Waren/Müritz geboren und diente zunächst bei der Polizei und vom 1. Oktober 1933 bis 12. Oktober 1935 in der 4. (MG)/Infanterie-Regiment 6. Am 13. Oktober 1935 trat er in die SS-Standarte „Germania" ein und wurde hier am 12. März 1938 zum SS-Untersturmführer ernannt. Es folgten am 10. September 1939 die Beförderung zum SS-Obersturmführer und am 30. Januar 1942 zum SS-Hauptsturmführer. Vom 27. Juli bis 15. Dezember 1943 war Milius Angehöriger der 3. SS-Panzer-Division „Totenkopf". Nach wiederholter Verwundung befand er sich ab 15. Dezember 1943 im SS-Panzer-Grenadier-Ausbildungs- und Ersatz-Bataillon 3. Da sich Milius zur Panzerwaffe meldete, nahm er vom 1. bis 27. April 1944 an einem Lehrgang an der Schießschule für Panzertruppen in Puttlitz und vom 1. Mai bis 3. Juni 1944 an der Panzertruppenschule in Krampnitz teil. Überraschend folgte am 9. Juni 1944 die Kommandierung zum SS-Fallschirmjäger-Bataillon 500. Milius, der bereits das Verwundetenabzeichen in Schwarz und Silber, die beiden Eisernen Kreuze, das Panzerkampfabzeichen in Bronze, das Kriegsverdienstkreuz II. Klasse mit Schwertern, die Nahkampfspange I. Stufe sowie die Medaille zum 13. März 1938 und die Polizeidienstauszeichnung besaß, wurde – zum SS-Sturmbannführer ernannt –, am 30. März 1945 noch mit

dem Deutschen Kreuz in Gold ausgezeichnet. Der Kommandierende General des Oderkorps, SS-Obergruppenführer und General der Polizei von dem Bach, schrieb dazu im Vorfeld am 9. März 1945:
„SS-Hauptsturmführer Milius ist mir als verwegener, von sehr starkem kämpferischen Willen beseelter SS-Führer bekannt. Bei den harten Abwehrkämpfen im Brückenkopf Schwedt vom 7. bis 13. Februar 1945 war Milius in seinem Abschnitt die Seele des Widerstandes gegen den mit überlegenen Kräften immer wieder angreifenden Gegner."

Benito Mussolini wurde am 29. Juli 1883 in Dovia di Predappio (Emilia Romagna) geboren und wurde Grundschullehrer. 1901 trat er der Sozialistischen Partei Italiens (PSI) bei, verließ jedoch bereits ein Jahr später seine Heimat, um sich dem Militärdienst zu entziehen. Nach seiner Amnestierung als „Deserteur" kehrte Mussolini 1905 aus der Schweiz nach Italien zurück und leistete den Militärdienst ab. Zunächst strikter Kriegsgegner, wandelte Mussolini im Oktober 1914 seine Linie und wurde heißer Befürworter für den Eintritt Italiens in den 1. Weltkrieg. Am 31. August 1915 wurde Mussolini Soldat und erreichte im Februar 1917 den Dienstgrad eines Oberfeldwebels. Ende Oktober 1922 wurde er vom König Viktor Emanuel III. zum Ministerpräsidenten ernannt. Nach den politischen und militärischen Fehlschlägen der Jahre 1940 - 1943, setzte ihn der "Faschistische Große Rat" am 25. Juli 1943- Darüberhinaus wurde Mussolini auf Anordnung Viktor Emanuels III. verhaftet. Am 12. September 1943 befreiten ihn deutsche Fallschirmjäger unter der Leitung von SS-Hauptsturmführer Skorzeny auf dem Gran Sasso (Abruzzen). Rund 10 Tage später bildete Mussolini eine faschistische Gegenregierung und rief die "Sozialistische Republik Italien" aus. Am 27. April 1945 nahmen italienische Widerstandskämpfer Mussolini bei dem Versuch nach Deutschland zu fliehen am Comer See fest, und erschossen ihn am nächsten Tag zusammen mit seiner Geliebten Clara Petacci in Giuliano di Mezzegra (Comer See). Ihre geschändeten Leichen wurden öffentlich aufgehängt.

Alexander von Pfuhlstein wurde am 17. Dezember 1899 in Danzig geboren und trat am 29. März 1917 als Fähnrich in den Kriegsdienst ein. Am 14. Dezember 1917 wurde er hierbei zum Leutnant im 4. Garde-Regiment zu Fuß ernannt. Nach der Reichswehrzeit fungierte er ab 3. November 1938 als erster Generalstabsoffizier in der 19. Infanterie-Division. Dabei erreichte er am 1. Juni 1939 den Dienstrang eines Oberstleutnants. Gleiche Dienststellung übernahm er am 15. März 1940 in der 58. Infanterie-Division und führte ab 1. April 1941 das II. /Infanterie-Regiment 18. Es schloss sich vom 29. Juli 1941 bis 2. März 1942 das Kommando über das Infanterie-Regiment 77 an. Seit 1. Februar 1942 Oberst, führte von Pfuhlstein ab 1. Mai 1942 das Infanterie-Regiment 154. Die Division „Brandenburg" wurde vom 1. April 1943 bis 10. April 1944 von ihm kommandiert. Der mit dem Ritterkreuz dekorierte von Pfuhlstein schied am 14. September 1944 aus dem aktiven Dienst aus.

Kurt Rybka wurde am 17. Juni 1917 in Darmstadt geboren und wählte die Führerlaufbahn in der Waffen-SS. Am 1. Mai 1940 wurde er in der SS-Totenkopf-Kradschützen-Ersatz-Kompanie zum SS-Untersturmführer ernannt und von hier am 3. März 1941 zur SS-Kampfgruppe „Nord" kommandiert. Dort verwundet, folgte die Versetzung zum SS-Kradschützen-Ersatz-Bataillon und vom 12. Juni 1942 (seit 20. April 1942: SS-Obersturmführer) erneuter Einsatz bei der SS-Division „Nord". Ab 22. April 1944 übernahm Rybka – seit 30. Januar 1944: SS-Hauptsturmführer – das SS-Fallschirmjäger-Bataillon von SS-Sturmbannführer Gilhofer. Während des Unternehmens „Rösselsprung" schwer verwundet, folgte kein weiterer Fronteinsatz mehr. Vielmehr wurde Rybka – der mit dem EK II und EK I sowie dem Finnischen Freiheitskreuz IV. Klasse und dem Verwundetenabzeichen in Schwarz ausgezeichnet war – bis Kriegsende beim Ersatztruppenteil: SS-Panzer-Grenadier-Ausbildungs- und Ersatz-Bataillon 35 Konitz geführt.

Otto Skorzeny wurde am 12. Juni 1908 in Wien geboren und studierte nach der Matura Maschinenbau. 1938 trat er in die SS ein und diente ab 21. Februar 1940 in der 2. (E)/Leibstandarte der SS „Adolf Hitler". Im März 1940 folgte die Versetzung zum Ersatzsturmbann der SS-Standarte „Germania". An den Feldzügen im Westen sowie auf dem Balkan teilgenommen, wurde er am 30. Januar 1941 zum SS-Untersturmführer und am 20. April 1941 zum SS-Obersturmführer ernannt. Nach der Verwendung als Regimentsingenieur im SS-Panzer-Regiment 3 folgte als SS-Hauptsturmführer im April 1943 die Versetzung als Kommandeur des SS-Sonderverbandes Friedenthal z. b. V. Am 12. September 1943 befreite Skorzeny mit Angehörigen der 2./Fallschirmjäger-Lehr-Bataillon der Luftwaffe den auf dem Gran Sasso arrestierten Mussolini und erhielt dafür unter gleichzeitiger Beförderung zum SS-Sturmbannführer das Ritterkreuz des Eisernen Kreuzes verliehen. Nach dem Unternehmen „Panzerfaust" im Oktober 1944 wurde Skorzeny zum SS-Obersturmbannführer befördert. Einen weiteren Sonderauftrag erhielt er im Bezug auf die Ardennenoffensive. Trotz des Scheiterns und dem Mißerfolg der Panzer-Brigade 150 im Fronteinsatz wurde Skorzeny von Hitler mit der Ehrenblattspange des Heeres geehrt. Für das Halten des Brückenkopfes Schwedt wurde ihm am 9. April 1945 das 826. Eichenlaub verliehen. Der am 20. April 1945 noch zum SS-Standartenführer der Reserve ernannte Skorzeny verstarb am 5. Juli 1975 in Madrid.

Rainer Stahel wurde am 15. Januar 1892 in Bielefeld geboren und trat nach dem Abitur 1911 in das 1. Lothringische Infanterie-Regiment Nr. 130 ein. Als Leutnant war er Zugführer in der Maschinengewehr-Kompanie und wurde 1916 zum Oberleutnant befördert. Im königlich-preussischen Jäger-Bataillon 27, welches aus finnischen Freiwilligen bestand, führte Stahel später ebenfalls die MG-Kompanie. 1918 als Hauptmann aus dem preußischen Militär ausgeschieden, nahm er die finnische Staatsbürgerschaft an und kommandierte als Major das finnische Jäger-Regiment 2. In der finnischen Armee folgte das Kommando über die 3. Jäger-Brigade sowie als Oberstleutnant über das Schutzkorps in Abo. 1933 kehrte Stahel nach Deutschland zurück und wurde am 23. Februar 1934 als Hauptmann der Luftwaffe in das Reichsluftfahrtministerium übernommen. Als Major diente er 1938 bei der leichten Flak-Abteilung 73. 1939 zum Oberstleutnant befördert, führte er die Reserve-Flak-Abteilung 151. 1943 folgte das Kommando über das Flak-Regiment (mot.) 99. Hierbei wurde er am 18. Januar 1942 mit dem Ritterkreuz des Eisernes Kreuzes ausgezeichnet. Ein Jahr später folgte unter gleichzeitiger Verleihung des 169. Eichenlaubs die Ernennung zum Generalmajor. Im Sommer 1943 mit der Flak-Brigade 22 nach Süditalien verlegt, wurde Stahel als Stadtkommandant von Rom eingesetzt. 1944 gelangte er wieder an die Ostfront und wurde zunächst Kommandant des Festen Platzes Wilna. Am 18. Juli 1944 folgte für diesen Einsatz die Beförderung zum Generalleutnant und Verleihung der 79. Schwerter. Bereits eine Woche später ernannte Hitler Stahel zum Wehrmachtkommandanten von Warschau. Es folgte der Einsatz als Kommandant von Bukarest, wobei der Generalleutnant im September 1944 in sowjetische Kriegsgefangenschaft geriet. Er starb am 30. November 1955 kurz vor der Rückkehr nach Deutschland, im sowjetischen Gewahrsam.

Josip Broz Tito wurde am 7. Mai 1892 in Kumrovec (Kroatien) geboren und absolvirte ab 1907 eine Schlosserlehre. 1910 zog er nach Zagreb und trat der Sozialdemokratischen Partei Kroatiens bei. Ab 1913 leistete er seinen Wehrdienst in der österreich-ungarischen Armee in einem Zagreber Heimwehr-Regiment ab, mit dem er im Januar 1915 an die Karpatenfront kam und bereits im März 1915 verwundet in russische Kriegsgefangenschaft geriet. 1917 aus der Gefangenschaft entlassen, nahm er in Petrograd (heute: St. Petersburg) an den sozialistischen Demonstrationen teil und trat in die Rote Garde ein. 1920 kehrte Broz nach Zagreb zurück und wurde Mitglied der neu gegründeten Kommunistischen Partei Jugoslawiens. Nach dem Verbot kommunistischer Aktivitäten 1921 arbeitete er zunächst als Mechaniker in Veliko Trojstvo. 1924 wurde er Mitglied im Bezirkskomitee der mittlerweile illegalen Kommunisten in Bjelovar. Vier Jahre später als als Sekretär des Provinzialkomitees der KPJ in Kroatien verhaftet, verbüsste Broz fünf Jahre in einem Zuchthaus. Nach seiner Entlassung ging Broz in den Untergrund und wurde in das Zentralkomitee (ZK) der Exil-KPJ in Wien aufgenommen. Mit der Berufung in das Politbüro nahm er den Decknamen "Tito" an. 1942 eröffnete Tito die erste Sitzung des Antifaschistischen Rats der Volksbefreiung Jugoslawiens (AVNOJ), eines Delegiertenzusammenschlusses aller am Widerstand beteiligten Gruppen. Im November 1943 wählten ihn die Delegierten auf der zweiten Sitzung des AVNOJ zum Präsidenten. Gleichzeitig erhielt übernahm er den Titel: Marschall von Jugoslawien. Am 8. März 1945 bildete Tito in Übereinkunft mit der königlichen Exilregierung eine neue jugoslawische Regierung und wurde am 29. November 1945 zum Ministerpräsidenten einer Föderativen Republik erklärt. Er verstarb am 4. Mai 1980 in Ljubljana.

Rolf Wuthmann wurde am 26. August 1893 in Kassel geboren und trat am 9. April 1912 als Fahnenjunker in den Militärdienst ein. Am 10. November 1913 wurde er zum Leutnant im Feldartillerie-Regiment 40 ernannt. Nach Teilnahme am 1. Weltkrieg und Dienst im 100.000 Mann-Heer, fungierte Wuthmann – seit 1. Januar 1937 Oberstleutnant – als erster Generalstabsoffizier im Gruppenkommando VI. Gleiche Dienststellung hatte er als Oberst (1. August 1939) in der 4. Armee inne. Am 15. November 1940 wurde Wuthmann Chef des Generalstabes der 16. Armee. In dieser Eigenschaft erhielt er am 1. Februar 1942 die Beförderung zum Generalmajor. Vom 2. Mai bis 16. November 1942 kommandierte er die 295. Infanterie-Division. Es schloss sich die Dienststellung des bevollmächtigten Generals des Transportwesens Abschnitt Südrussland an. Nach der Ernennung zum Generalleutnant am 1. März 1943 wurde Wuthmann am 2. April 1943 für 10 Wochen Chef des Transportwesens im OKH. Ab 20. Juni 1943 kommandierte er die 112. Infanterie-Division und schließlich ab 5. Dezember 1943 das IX. Armee-Korps. Wuthmann wurde mit dem Deutschen Kreuz in Gold und dem Ritterkreuz ausgezeichnet.

Anlage 6
Dienstgrade Waffen-SS/Heer 1944

Waffen-SS	Heer
SS-Grenadier	Grenadier
SS-Sturmmann	Gefreiter
SS-Rottenführer	Obergefreiter
SS-Unterscharführer	Unteroffizier
SS-Scharführer	Unterfeldwebel
SS-Oberscharführer	Feldwebel
SS-Hauptscharführer	Oberfeldwebel
SS-Untersturmführer	Leutnant
SS-Obersturmführer	Oberleutnant
SS-Hauptsturmführer	Hauptmann
SS-Sturmbannführer	Major
SS-Obersturmbannführer	Oberstleutnant
SS-Standartenführer	Oberst
SS-Oberführer	kein vergleichbarer Rang
SS-Brigadeführer	Generalmajor
SS-Gruppenführer	Generalleutnant
SS-Obergruppenführer	General
SS-Oberstgruppenführer	Generaloberst

Namensverzeichnis

Aldrian, Generalmajor	36, 105
Bading, Oberleutnant	71
Bender, SS-Obersturmbannführer	7 [FN]
Benesch, Major	34
Bentrup, Hauptmann	35
Bleckwein, Generalmajor	89
Brandenberger, General der Panzertruppen	74
Burmeister, SS-Sturmbannführer	7 [FN]
Callewart, SS-Kriegsberichter	36
Decker, General der Panzertruppen	85
Dietrich, SS-Oberstgruppenführer	70
Dirlewanger, SS-Standartenführer	53
Droste, SS-Obersturmführer	102
Eicke, SS-Gruppenführer	7
Ernst, Oberleutnant	71
Fischer, SS-Obersturmführer	10f
Foertsch, Generalleutnant	19
Fritsch, Generaloberst	104
Fucker, SS-Hauptsturmführer	82
Fuetterer, Generalleutnant	22
Fullriede, Oberst	97, 105
Gerow, US-General	74
Gerullis, SS-Untersturmführer	87
Gilhofer, SS-Sturmbannführer	8, 30, 102, 105
Guderian, General der Panzertruppen	22, 81
Hansen, SS-Standartenführer	73
Hardieck, SS-Obersturmbannführer	71, 77 [FN]
Harzer, SS-Standartenführer	94f
Haselwanter, SS-Untersturmführer	34
Hasse, Generalleutnant	54
Hennecke, SS-Hauptscharführer	11
Himmler, Reichsführer-SS	5, 7, 32f, 68, 81, 86
Hitler	19, 22, 54, 63, 69, 71
Hodges, US-General	74
Horthy von, ung. Reichsverweser	19, 22, 63f
Hoyer, SS-Haptsturmführer	82
Hummel, SS-Oberscharführer	39
Hunke, SS-Hauptsturmführer	87
Kállay von, ungarischer Ministerpräsident	22 [FN]
Keitel, Feldmarschall	98
Kempin, SS-Obersturmbannführer	86

Krappe, Generalleutnant	84, 106
Kumm, SS-Oberführer	36
Lakatos, ung. Generaloberst	63
Leifheit, SS-Hauptsturmführer	52, 71, 97, 102
Lendle, Generalleutnant	106
Leschinger Dr., SS-Hauptsturmführer	23, 68, 106
Lücke, SS-Obersturmbannführer	8
Manteuffel von, General der Panzertruppen	74, 94 ^{FN}, 96f
Marcus, SS-Obersturmführer	83f, 87, 102, 106
Middleton, US-General	74
Mihailovic, jugoslaw. General	18
Milius, SS-Hauptsturmführer	53, 57, 68, 82, 87, 89, 90, 97, 99, 102, 107
Model, Generalfeldmarschall	69
Mussolini, ital. Staatsführer	64 ^{FN}, 108
Obermeier, SS-Obersturmführer	34f
Peiper, SS-Obersturmbannführer	73, 75ff
Phleps, SS-Gruppenführer	30
Pfuhlstein, Generalmajor	20, 108
Prager, SS-Obersturmbannführer	94, 97
Rahn, Botschafter	64
Reiche, SS-Obersturmführer	89
Reinhardt, Generaloberst	54, 57
Rendulic, Generaloberst	36
Rokossowskij, sowjetischer Marschall	86
Rybka, SS-Hauptsturmführer	30, 35ff, 102, 109
Schäfer, SS-Obersturmführer	39
Scherf, Hauptmann	71
Scheu, SS-Obersturmführer	68, 102
Schmiedl, SS-Obersturmführer	68
Schmid, Oberst	97
Shukow, sowjetischer Marschall	81
Skorzeny, SS-Sturmbannführer	52, 64f, 68ff, 77f, 81f, 84ff, 109
Stahel, Generalmajor	54f, 109
Stalin	18
Steiner, SS-Obergruppenführer	81, 94f
Szálasi, ungarischer Ministerpräsident	65
Sztójay, ung. Ministerpräsident	22, 63
Tito, jugoslawischer Partisanenführer	18f, 29, 31, 35, 110
Weichs von, Generalfeldmarschall	18 ^{FN}, 29, 32
Witzemann, SS-Untersturmführer	34, 38
Wulf, Oberstleutnant	71
Wuthmann, General der Artillerie	54, 110

Quellen und Literatur

Bundesarchiv/Militärarchiv Freiburg
RH 19-II   RH 20-4   RH 21-3
RH 24-9/58   N 756/279

Bundesarchiv Berlin/ehem. BDC
SSO 003 C   SSO 013 A   SSO 032 A
SSO 037 B   SSO 064   SSO 057 B
SSO 063 B   SSO 068 A   SSO 075 B
SSO 088 B   SSO 098 A   SSO 109
SSO 122 A   SSO 164   SSO 208 B
SSO 252   SSO 257 A   SSO 296 A
SSO 297 A   SSO 319 A

Dickert, Großmann: Der Kampf um Ostpreussen, Stuttgart 1985
Haupt, Werner: Heeresgruppe „Mitte", Dorheim 1968
Haupt, Werner: Heeresgruppe „Nord", Bad Nauheim 1966
Keilig, Wolf: Die Generale des Heeres, Friedberg 1983
Kunzmann, Milius: Fallschirmjäger der Waffen-SS im Bild, Coburg 1998
Michaelis, Rolf: Die Grenadier-Divisionen der Waffen-SS, Band II, Erlangen 1995
Michaelis, Rolf: Die Gebirgs-Divisionen der Waffen-SS, Berlin 1998
Michaelis, Rolf: Die Panzer-Grenadier-Divisionen der Waffen, Berlin 1998
Neubacher, Hermann: Sonderauftrag Südost, Göttingen 1956
Potente, Hilmar, u. a.: Der Weg der 163. Infanterie-Division, Berlin 1998
Preradovich von, Nikolaus: Die Generale der Waffen-SS, Berg 1985
Schramm, Percy (Hrsg): Kriegstagebuch des OKW, Herrsching 1982
Skorzeny, Otto: Lebe gefährlich, Siegburg-Niederpleis 1962
Skorzeny, Otto: Wir kämpften – wir verloren, Siegburg-Niederpleis 1962
Tieke, Wilhelm: Das Ende zwischen Oder und Elbe, Stuttgart 1994